CONSEILS AUX DÉBUTANTS

DANS LA CARRIÈRE NAVALE,

ET SURTOUT

DANS LA MARINE MILITAIRE.

THE NAVAL SERVICE,

OR

OFFICER'S MANUAL.

TRADUIT DE L'ANGLAIS, AVEC TEXTE EN REGARD,

PAR M. Ls DE GÉRIN-ROZE,

ANCIEN OFFICIER DE MARINE,

MEMBRE DE LA SOCIÉTÉ DES MÉTHODES, PROFESSEUR DANS PLUSIEURS ECOLES PRÉPARATOIRES ET INSTITUTIONS DES DEUX SEXES.

INTERPRÈTE ASSERMENTÉ PRÈS LES TRIBUNAUX,

TRADUCTEUR OFFICIEL DU MINISTÈRE DE LA MARINE, ET, PENDANT 3 ANS, COMMISSAIRE EXAMINATEUR POUR LES COMPOSITIONS ANGLAISES DES CANDIDATS A L'ÉCOLE NAVALE.

AUTEUR DES TABLEAUX SYNOPTIQUES, DE L'ÉTUDE PITTORESQUE RAISONNÉE D'UNE PROSODIE ANGLAISE

ADOPTÉE PAR L'UNIVERSITÉ POUR LES COLLÉGES ROYAUX,

ET HONORÉE DES SOUSCRIPTIONS DE LA LISTE CIVILE ET DU MINISTÈRE DE LA MARINE,

DE L'ABRÉGÉ DE GRAMMAIRE ANGLAISE, ET DU MANUEL DE L'ÉLÈVE DE LA MARINE

PREMIÈRE ÉDITION.

PARIS,

CHEZ L'AUTEUR, RUE DE VAUGIRARD, 31;

AU CERCLE DES ÉTRANGERS, RUE NEUVE SAINT-AUGUSTIN, 55;

ET CHEZ LES PRINCIPAUX LIBRAIRES DE PARIS

ET DES PORTS DE MER.

1840.

AVANT-PROPOS DU TRADUCTEUR.

En 1837, ayant lu par hasard dans un journal anglais l'annonce d'un Manuel pour les officiers de la marine britannique (1), j'eus la curiosité d'en prendre connaissance. Après l'avoir parcouru attentivement, je crus m'apercevoir qu'il serait utile d'en extraire ce qui concerne particulièrement les débutants de nos deux marines militaire et marchande. La dernière ordonnance royale, touchant la création d'un corps de volontaires auxiliaires aux élèves sortant de l'École navale, me fit présumer que, la partie de ce livre qui les concerne particulièrement s'adaptant on ne peut mieux à leur position dans notre marine royale, ces jeunes gens pourraient y puiser d'utiles conseils, ainsi que des notions spéciales comparatives, très-précieuses à recueillir. En outre, je pensai que la publication de cet extrait, placé en regard de son texte, serait un appendice naturel à mes Conversations nautiques, et d'autant plus avantageux, qu'il tendait à mettre plus copieusement en *relief*, et les assimilations et les dissemblances des locutions nautiques des deux langues, ainsi que leur véritable technologie. Je profitai donc d'une mission

(1) Par M. Glascock, capitaine de vaisseau dans la marine britannique; ouvrage en 2 vol. in-12, publié vers la fin de 1836, et accompagné d'un très-grand nombre de planches et tableaux.

dont m'avait chargé le ministre de la marine d'alors, pour obtenir, à Londres même, les explications les plus précises qui pussent m'aider à présenter, à l'immense majorité de ceux que cet ouvrage intéresse, une traduction digne du sujet. Jusqu'à quel point aurai-je réussi : c'est ce qu'il ne m'appartient pas d'apprécier encore. Néanmoins, je ne puis résister à la tentation de transcrire ici le jugement de M. B***, homme grave et fort instruit, que par discrétion je m'abstiens de nommer, et qui occupe un poste distingué au Ministère de la marine. Dan une note adressée à M. le secrétaire général actuel, à l'occasion de cet opuscule, ce fonctionnaire s'exprimait en ces termes :

« L'*instruction*, considérée d'une manière abstraite, peut, « dans son mode, être jugée et appréciée par tout le monde. Or, « celle que renferment les leçons élémentaires ci-jointes, appli« quées à former de bons élèves de la marine, me semble par« faite. Non-seulement elle leur donne les connaissances pre« mières du métier et les initie à la pratique par la pensée, mais « elle en révèle encore à leur intelligence l'esprit et les principes « moraux, sources bien autrement fécondes en excellents résul« tats pour tout le cours de la vie, qu'une sèche exposition du « mécanisme de l'exécution, que des préceptes isolés, qui se « modifient presque toujours dans l'application, où le jugement « est plus nécessaire encore que la science, et je dirai même, « que l'étude, rebutante à cet âge, des lois et des ordonnances, « qui viendra plus tard. »

Maintenant, que mon opuscule réussisse ou non, je ne puis me dispenser de faire hommage de ma traduction au véritable auteur du Manuel, le capitaine W. N. Glascock ; hommage que je consigne ici avec d'autant plus de mo-

deste sincérité, que je crains fort dans ma traduction d'avoir affaibli le style nerveux de l'original : danger presque toujours inévitable dans toute tentative de ce genre.

Quelque faible qu'en devienne ma part coopératrice dans cette publication, je ne terminerai pas non plus sans exprimer, ici, à M. Becher (lieutenant de vaisseau dans la marine britannique, et chef de bureau à l'amirauté anglaise pour la partie hydrographique) toute la reconnaissance que je lui ai vouée pour son infatigable complaisance à m'aider de ses lumières en ce qui concerne la partie technologique, de manière à en donner un convenable équivalent. — SUUM CUIQUE! — Cet aveu de ma part est une garantie de plus pour le degré de confiance dont le lecteur croit devoir m'honorer.

N. B. Toutes les locutions, soit anglicismes, soit gallicismes, qui, n'ayant pas de traduction littérale possible, n'en sont pas moins de parfaits équivalents dans les deux langues; ces locutions, dis-je, sont scrupuleusement *sous-lignées* dans les deux textes; celles qui n'admettent pas un arrangement successif sont encore distinguées par de petites capitales; enfin rien n'a été négligé pour rendre facile, aux deux nations, l'intelligence réciproque des textes.

Le lecteur, en transcrivant avec soin ces différentes locutions, et les classant méthodiquement, peut s'en former un vocabulaire qui, plus tard, aura bien son mérite.

PRÉAMBULE DE L'AUTEUR ANGLAIS.

Le besoin d'un ouvrage spécial embrassant l'art nautique et les devoirs importants de l'homme de mer, était vivement senti par les officiers de la flotte de Sa Majesté britannique, ainsi que par la majorité de ceux que de grands intérêts maritimes occupent. En effet, nous ne possédions (les Anglais) encore rien qui ressemblât à ce qu'on pourrait décorer du titre mérité de Manuel de l'officier de Marine. Nous espérons donc que cette publication, dans laquelle on s'est appliqué à réunir la concision à la netteté, sera un très-grand acheminement à la disparition d'une telle lacune. Peut-être, aussi, les anomalies, les contradictions qu'on y signale, dans diverses branches de service (*toujours concernant la marine anglaise*), éveilleront-elles l'attention de l'autorité compétente,

ADVERTISEMENT.

A WORK embracing the several subjects connected with naval duties, and nautical affairs in general, has long been sought by the Officers of His Majesty's Navy, and others interested in maritime pursuits. Indeed, nothing in the shape of a Sea-Officer's Manual has before appeared. The present publication, it is hoped, will not altogether fail in supplying the deficiency.

In the composition of these volumes, conciseness and classification have been particularly studied.

A few anomalies and discrepancies are pointed out, in the hope of preventing their being longer overlooked by authorities.

laquelle, une fois renseignée, s'attachera à les faire disparaître.

L'auteur saisit avec empressement cette occasion d'adresser ses vifs remercîments à sir John Franklin, pour ses communications sur les chronomètres; au capitaine James Clark Ross, pour son article sur le magnétisme (1); et au lieutenant H. Raper, pour les dessins originaux qu'il a bien voulu lui confier, et que reproduisent les planches et gravures de ces volumes.

(1) Selon l'accueil plus ou moins favorable qui sera fait à cet opuscule, le traducteur a l'intention de continuer à extraire des deux volumes de M. Glascock tout ce qu'il croira devoir intéresser la science et nos navigateurs.

The Author takes this opportunity to return his best thanks to Sir John Franklin, for his paper on "CHRONOMETERS;" to Captain James Clark Ross, for his article on "MAGNETISM;" and to Lieut. H. Raper, for the ILLUSTRATIVE DESIGNS, from which the engravings in these volumes are taken.

DU VOLONTAIRE
DE LA MARINE.

Age et conditions d'admission.— Le conseil de l'amirauté, en Angleterre, admet sur la flotte les volontaires *dès* l'âge de treize ans.

On n'exige pas de ces jeunes novices des études bien fortes en aucun genre; néanmoins ceux qui se destinent à la marine royale doivent posséder des notions générales sur l'arithmétique, la géographie et l'astronomie; connaître passablement la langue française, ainsi que les éléments du dessin. Ces deux dernières branches d'instruction, bien qu'en général considérées comme talents d'agrément, n'en deviennent pas moins, selon les circonstances, des acquisitions de la plus haute importance pour l'officier de marine. Viennent, en seconde ligne, l'histoire sainte, l'histoire ancienne; plus les annales traitant de la naissance et de l'accroissement progressif des colonies anglaises; enfin, le traité de Vatel, sur les lois internationales.

VOLUNTEER.

The Lords Commissioners of the Admiralty approve the entrance of the VOLUNTEER into His Majesty's Naval Service *at* the age of thirteen.

At these years it cannot be expected that any extraordinary progress should have been made in the academical studies of the naval novice; but, when he is destined for His Majesty's service, the parents or guardians of the youth should take special precaution that he be not deficient in arithmetic, geography, and astronomy. A proficiency in the French language is also desirable. Nor should the naval aspirant be ignorant of the rudiments of drawing. This, though seldom considered as more than a refined accomplishment, becomes to the sea-officer an acquirement of the first importance. To those studies should be added the acquirement of a knowledge of scriptural history, ancient history, and of the records connected with the rise and progress of the British colonies; and finally, "Vatel's Treatise on International Law."

Premier embarquement (1). — Le volontaire, à son premier embarquement, n'a guère autre chose à faire que d'écouter et observer ce qui se passe autour de lui. Le premier lieutenant (celui qui, chez nous, est chargé du détail) le présente au *chef* de *gamelle* du *poste* des élèves de la marine. Un homme de confiance est désigné pour *installer* son hamac, le pendre et le dépendre; le monter chaque matin dans les filets du bastingage, et l'en descendre tous les soirs. Un soldat de marine peut également, mais *de gré à gré*, lui être attaché comme domestique (2). Au moyen de cette tolérance on exige rigoureusement que la *tenue* du jeune homme ne laisse rien à désirer sous le rapport de l'ordre et de la propreté.

Toilette du matin, ablution. — A *sept heures et demie*, tout ce qui touche à la propreté individuelle doit être terminé; les ustensiles de toilette, tels que essuie-mains (3), brosses, cu-

(1) Lorsque, pour la première fois, on s'occupe de l'équipement d'un volontaire, les parents doivent consulter le premier lieutenant (lieutenant en pied) du navire sur la dimension à donner à sa *malle;* car il est arrivé qu'à bord d'un brick de dix canons, on embarquait des malles d'une grandeur tellement démesurée qu'elles ne pouvaient passer par les *écoutilles.* Dans l'intérêt d'un bon *arrimage,* il serait à désirer qu'on adoptât des dimensions proportionnées, uniformes et invariables.

(2) Le *salaire* accoutumé va de trois à cinq schellings (de 3 f. 60 c. à 6 f. 15 c.) par mois, selon la capacité et le rang du navire.

(3) A bord de quelques vaisseaux de ligne, on fait élonger.

First Embarcation (1).—On his first embarcation, the Volunteer will have little else to do than to "keep his eyes and his wits about him." The First-Lieutenant or Commanding Officer will hand him over to the Carterer of the Midshipmen's *mess.* A steady man will be appointed to *sling* his hammock, and to take it up and down morning and evening. A private marine (provided the man's services be *voluntarily obtained*) may be also permitted to act in the capacity of the young gentleman's servant. With this *indulgence* (2)—for such it must be ever considered—no excuse can be offered, nor any taken, for negligence or uncleanliness in the youngster's *personal appearance.*

Morning Ablutions—By *seven bells*—half-past seven—his morning ablutions must be completed, and care taken that no washing nor "*toilet*" utensils—towels (3), basins, *boot-*

(1) Previously to a first fit-out, it is recommended to the parents of the young gentleman to consult the captain or the first-lieutenant of the ship he is about to join, as to particulars relative to the dimension of his *chest.* Before now, young gentlemen have embarked in *Ten-gun brigs* with chests of such unreasonable size as to preclude the possibility of their descending the *hatch-ways* of the vessel. For the sake of uniformity and *stowage*, it were desirable that one universal size were established in the service.

(2) A monthly *remuneration*—from three to five shillings—is the customary sum paid for the services of the party employed.

(3) In some ships a line is allowed to be *triced up* between the

vettes, *tire-bottes*, etc., doivent être serrés et non laissés *à traîner* sur les ponts, sous la *timonnerie* ou dans le voisinage de la SAINTE-BARBE. Dans le cas où le jeune homme se présenterait à table avec une mauvaise tenue, il serait éconduit et privé de déjeûner (1).

SALUT OBLIGÉ QUAND ON PARAÎT SUR LE GAILLARD D'ARRIÈRE. — Le gaillard d'arrière étant considéré comme la promenade, ou le *champ de revue* du roi, on ne doit jamais y METTRE le pied sans faire le *salut militaire* d'usage. Il consiste à soulever son chapeau, ou, comme on dit communément, *y porter la main*.

HEURES CONSACRÉES A L'ÉTUDE. — Pour les navires qui ont un professeur de mathématiques (2) et de navigation, ses leçons ont exclusivement lieu de neuf heures à onze heures et demie

entre le grand mât et le mât de misaine, un bout de filin blanc, sur lequel on fait sécher le linge de propreté des élèves de la marine; cela est plus sain que de le replacer mouillé dans leurs malles.

(1) Le chef de gamelle (*carterer*) est spécialement chargé de veiller à ce que tout respire le bon ordre et la décence dans le poste des élèves. Dans les vaisseaux de ligne, ils rivalisent avec la *grande chambre;* dans les petits bâtiments, l'exiguité du local nuit un peu à la perfection de l'ensemble; néanmoins, on s'y écarte le moins possible du règlement.

(2) Il serait à désirer que cet emploi pût être cumulé avec celui de chapelain. Voir, à ce sujet, un article de la plus haute portée, inséré dans la Revue intitulée « *United Service Journal,* » (Journal des Services Unis), octobre, 1830.

jacks and brushes—be found *astray* on the decks or "adrift" in the vicinity of the GUN-ROOM or *steerage*. And here the novice must clearly understand that unless he present himself at the breakfast-table properly attired, he will forfeit his morning meal (1).

SALUTE TO THE QUARTER-DECK.—Whenever he ascends the quarter-deck, which at all times is to be considered and respected as the King's Parade, he is strictly enjoined to observe the customary *salute* of the *service*. This consists in raising the hat from the head, or, as it is technically termed, "*touching it*," immediately upon STEPPING on the deck.

SCHOOL HOURS AND STUDIES. —If the ship bear a schoolmaster (2), the hours from nine to half-past eleven in the forenoon will be exclusively devoted to the study of geometry and na-

main and mizen rigging for the purpose of drying the midshipmen's towels. This practice is preferable to replacing them in a damp condition in their chests.

(1) Attention to the gentlemanly order of the midshipmen's mess should be the carterer's principal aim. In line-of-battle ships, it rivals *ward-room* establishments in respectability and order. In smaller vessels, from local and other causes, midshipmen's messes are not altogether so striking in appearance. Nevertheless, the same rules are requisite.

(2) Upon the advantages of uniting the two situations of chaplain and schoolmaster, the reader is referred to an able paper which appeared in the "*United Service Journal*" of October, 1830.

du matin. Bien que ce professeur soit chargé de plusieurs autres branches d'enseignement, on recommande plus particulièrement l'application aux mathématiques (1). Outre l'utilité pratique des règles et démonstrations communes à la navigation, aussi bien qu'à l'astronomie nautique qui en devient le puissant auxiliaire, l'étude des mathématiques porte la rectitude dans nos idées et les façonne à l'exactitude.

« Sans avoir la prétention, dit un habile écrivain du métier, de tracer à l'élève un pro-« gramme des études les plus essentielles, nous « l'engagerons à s'adonner de préférence à celles « qui se rattachent plus directement à sa profes-« sion. L'astronomie, la navigation et la méca-« nique, au premier rang dans les sciences, con-« courent à former le savant navigateur, le *ma-« rin distingué*. La théorie de la navigation dérive « entièrement des deux premières; le mécanisme « et les mouvements du vaisseau sont basés sur « la dernière. L'action du vent sur les voiles, la « résistance de l'eau à la proue, provoquent « naturellement à des recherches sur les pro-« priétés des solides et sur celles des fluides; la « position du navire se balançant sur les flots « conduit forcément à l'étude de l'hydrostatique

(1) « Depuis longtemps, » dit l'auteur, « on sent le besoin en Angleterre d'un ouvrage pratique sur l'art de la navigation. Ridley (espèce de Dulac français) est le seul à l'usage des commençants; espérons que le jour où nous verrons combler une pareille lacune, n'est pas éloigné. »

vigation (1); but a close application to the mathematics is particularly recommended. Independently of its practical utility in demonstrating the rules common to navigation and nautical astronomy, a certain degree of mathematical learning imparts clearness and exactitude to all our conceptions.

"Without presuming to dictate the studies," says an able professional writer, "which are most essential to his improvement, we should wish to recommend such as are most suitable to the bent of his inclination. Astronomy, geometry, and mechanics, which are in the first rank of science, are the materials which form the skilful navigator and *superior seaman*. The theory of navigation is entirely derived from the two former, and all the machinery and movements of a ship are founded upon the latter. The action of the wind upon the sails, and the resistance of the water at the stem, naturally dictate an inquiry into the property of solids and fluids; and the state of the ship, floating on the water, seems to direct his application to the study of hydrostatics and the effects of gravity. A proficiency in these branches of

(1) A concise practical work on navigation has been long sought in the service. It is to be hoped the day is not distant when such a production will appear. Ridley is, at present, considered to be the most useful book for beginners.

« et des effets de la pesanteur. Plus l'homme de « mer se sera rendu familières ces branches de « la science, plus il sera capable de diriger avec « avantage les opérations d'une guerre maritime; « du moins, tant que les efforts de la poudre et « la direction des projectiles qu'elle lance, en « resteront les principaux éléments. Le moyen « le plus efficace d'exciter son émulation à ce « genre d'étude est, peut-être, de lui faire « examiner, rechercher quelles ont été, quelles « sont, de nos jours, les célébrités navales, « et par quels travaux ces réputations sont arri- « vées. Il s'assurera par là que l'officier émi- « nemment versé dans les sciences, commande « tôt ou tard le respect et la considération; tan- « dis que celui qui n'aspire qu'à la futilité des « gloires de salon ne recueille, pour ne rien dire « de plus, qu'une froide et stérile indifférence. « L'attention du premier se portera, tout entière, « vers ces études également profitables au bien « du service comme à lui-même; celle du second, « bornée à l'acquisition de talents superficiels, « l'éloignera des occupations sérieuses, énervera « ses facultés, étiolera son jugement, en un mot, « le rendra plus propre à briller dans un bal « qu'à tenir dignement son poste en ligne de « bataille. »

NOEUDS ET ÉPISSURES. — Tout capitaine qui s'occupe du bien-être et de l'instruction des jeunes gens qui lui sont confiés, fera choix d'un *officier marinier* capable, d'un matelot *consommé*,

science will equally enlarge his views with regard to the operations of naval war, as directed by the efforts of powder and knowledge of projectiles. The most effectual method to excite his application to those studies is, perhaps by looking round the navy, to observe the characters of individuals. By this inquiry, he will probably discover, that the officer who is eminently skilled in the sciences will command universal respect and approbation; and that whoever is satisfied with the despicable ambition of shining the hero of an assembly will be the object of universal contempt. The attention of the former will be engaged in those studies which are highly useful to himself in particular, and to the service in general. The employment of the latter is to acquire those superficial accomplishments that unbend the mind from every useful science, emasculate the judgment, and render the hero infinitely more dexterous in falling into his station in the *dance* than in the line of battle."

Learning to knot and splice.—The Captain who studies the welfare and advancement of those committed to his charge, will appoint a steady *petty-officer*, a *thorough* seaman, to

pour leur enseigner l'art des nœuds et épissures, ainsi que tout ce qui concerne la confection du gréement en général. La moindre ignorance dans ces importants détails est bientôt signalée par les officiers du bord, et n'échappe pas non plus à l'intelligence des *gabiers* de *misaine* et des simples matelots; le véritable marin devine promptement si c'est un marin qui commande. Dans ce dernier cas, on obéit lestement et gaiement; tandis que la *gaucherie* ou *l'hésitation*, dans un ordre donné, n'engendre que dégoût, mécontentement et mauvaise volonté à l'exécuter. Souvent il en résulte la perte irréparable d'un temps précieux; puis, inévitablement, un profond mépris (quelque étouffé ou déguisé qu'il soit) pour l'officier de quart ou de service qui a donné l'ordre malencontreux.

Appelez chaque homme par son nom. — C'est ici le cas d'offrir un conseil amical. N'importe en quelle circonstance vous vous adressiez à un matelot, en public ou en particulier, appelez-le par son nom. Si vous ignorez ce nom, ou ne l'avez pas présent à la mémoire, remplacez-le par une épithète amicale et bienveillante. « *Mon garçon,* » ne peut choquer personne, tandis que l'emploi du trop fréquemment usité : « *Hé, toi, là-bas* (1) *!* » vexe et mortifie jusqu'au dernier

(1) On peut retirer de l'anecdote suivante un enseignement moral. Le capitaine Glascock servant avec feu l'amiral Collingwood, un lieutenant du vaisseau le... se permit, en présence de

teach the young gentlemen the art of knotting and splicing, and general rudiments of rigging. Professional deficiency is soon detected by the officers; nor does it pass unobserved even by the *foremastmen*. The seaman knows well when it is the *seaman* that commands. A seamanlike order is promptly and cheerfully obeyed. A "*lubberly*" mandate produces disgust, dissatisfaction, and unwillingness to work—too often an irretrievable loss of valuable time, and invariably a universal feeling of contempt (however hidden and suppressed) for the officer commanding.

Address every man by his name.—And here may be offered a further friendly admonition. Upon whatever occasion, public or private, the foremastman be addressed, let him be called by his name. If unacquainted with that, let some kind or encouraging epithet be adopted. The appellative of "*my man*" can offend no man, whilst that too frequently applied epithet "*You, sir* (1)" is obnoxious to the meanest boy. Not that the vulgar practice of courting

(1) A moral may be found in the following anecdote:—When the author served with the late Lord Collingwood, a Lieutenant of His Majesty's ship C—— had the presumption, in the pre-

des mousses. Loin de nous, cependant, l'idée de *préconiser* une popularité courtisanesque. Une humilité affectée accuse bien peu de confiance en soi-même, et la basse familiarité détruit jusqu'à l'ombre du respect. Dès que l'officier descend vis-à-vis de son subordonné à un tel oubli de sa dignité, alors il *compromet* son autorité et n'a plus le droit d'espérer l'obéissance, encore moins de l'exiger.

Mots techniques.—Le volontaire doit s'attacher à acquérir une connaissance prompte et familière de la langue nautique, savoir : le nom particulier de toutes les parties du gréement, celui des manœuvres courantes et *dormantes*, la place qu'elles occupent et comment elles fonctionnent. Jamais la crainte du ridicule ne doit paralyser son zèle. La jeunesse est avide d'espiégleries, et les anciens du bord sont toujours disposés à s'amuser aux dépens des nouveaux

l'amiral, d'appeler un matelot par ces mots : « *Hé, toi, là-bas !* « *avance ici, toi !* » L'amiral reprit sur le même ton offensant : « *Dites donc*, vous ! *oui*, vous (*), *Monsieur !* » Le lieutenant, fort en peine de deviner l'intention de l'amiral, s'en approche, chapeau bas : « *Oui*, vous, *Monsieur*, » appuyant sur la formule dédaigneuse et fixant le lieutenant. « Comment vous « trouvez-vous d'*être tutoyé ?* Cet homme a un nom tout aussi « bien que *vous*, monsieur le lieutenant. » Depuis cette époque, l'auteur, fort jeune alors, ne fut jamais plus tenté de *tutoyer* qui que ce fût à bord.

(*) Les Anglais n'étant pas dans l'habitude de tutoyer, le *vous* non précédé du *nom* de la personne, ou le remplaçant tout à fait, sans que ce dernier ait été précédemment énoncé, équivaut alors à notre *tutoiement*, ou encore à cette manière : *Eh ! l'homme !* (*Note du Traducteur.*)

popularity is here *advocated.* Affected humility may be said to be meanness personified; whilst low familiarities debase, and at once destroy every feeling of respect. The instant an officer descends to be familiar with the men, his authority *sinks*—neither can he expect nor exact obedience.

TECHNICAL TERMS. — The volunteer must use every endeavour to acquire a ready acquaintance with technical terms — the names severally applied to the *standing*, and running rigging. Nor should apprehension of ridicule or laughter deter him from pursuing his purpose. The merry Mid will have his joke — play his pranks — persuade the uninitiated lad that "gooseberries grow in the *main-top*," — that "*Flemish* horses are found aloft," and that "dead men

sence of the Admiral, to apply the phrase "*You, sir!*" to one of the afterguard on the quarter-deck. The Admiral reiterated the offensive appellative "*You, sir! You, sir!*" The Lieutenant, at a loss for the Admiral's meaning, approached his superior, hat in hand. "*You, sir!*" continued the Admiral, emphatically repeating the obnoxious phrase as he stared the Lieutenant full in the face—"How do you, sir, like to be *you-sired?* That man has a name as well as *you,* Lieutenant ——."

The author was a boy at the time, but from that period to the present, he has invariably *forgotten* to "*you-sir*" a man.

embarqués; ils cherchent à faire croire à ces derniers « qu'il pousse des groseilles dans le *grand hune* » (que des *vessies* sont *des lanternes*), que les chevaux *flamands* grimpent le long des mâts, courent sur les enflêchures, et qu'on voit souvent des hommes morts revenir au bout des vergues et s'y *balancer*. Le volontaire doit donc s'attendre à être éprouvé, tâté, taquiné sur toutes les roueries du métier. Il n'y a qu'un parti à prendre, celui d'en rire; autrement, le plus léger *symptôme* de mauvaise humeur, de susceptibilité ou d'emportement ne fera qu'empirer sa position et le faire *berner* davantage. En un mot, le meilleur est de s'aguerrir contre toute espèce de *mystifications* et de les bien prendre, si l'on veut en voir promptement la fin.

ARDEUR A DEVENIR UN HOMME DU MÉTIER; RÉSULTAT DE L'EMPRESSEMENT A S'INSTRUIRE. — Rien ne perce aussi rapidement et n'est mieux apprécié dans la marine que l'empressement, l'ardeur des jeunes gens à acquérir les connaissances spéciales et pratiques de l'art naval. Chacun à bord, officiers et matelots, remarque et signale cette bonne volonté. Dès lors, le chef lui-même se plaît à vous instruire, l'inférieur à vous aider, à vous aplanir toutes les difficultés. « Ce jeune homme, dira un *quartier-maître*, a l'envie de devenir marin, à ce que je vois. » « Allons, monsieur, ajoutera-t-il, accostant son supérieur imberbe avec une espèce de confiance respectueuse; allons, monsieur, je vais vous

frequently *dangle* from the yards." In a word, the novice must not be unprepared to expect some practical experience in the "practical joke." But all must be taken in good part. The slightest *betrayal* of sullenness, petulance, or passion, will only produce an increase of *banter.* In short, the better the display of temper, the sooner will terminate the *waggish war.*

Professional attainment.—Nothing is sooner discernible, nor sooner appreciated, in the naval service, than an early desire to attain professional knowledge. This ready disposition is at once "seen, felt, and understood," by all on board—by the men, no less than by the officers. The superior then becomes the encouraging instructor; the inferior, the voluntary tutor. "That young gentleman," a *petty officer* will observe, "is determined, I see, to be a seaman. Come, sir," will he add, accosting his youthful superior in a tone of becoming respect—"Come, sir, *I'll* shew you the use of that rope,

enseigner l'usage de cette manœuvre, et *par où elle passe pour arriver* en haut. » Ces diverses occasions de se familiariser avec les manœuvres *dormantes* et courantes devraient être plutôt recherchées qu'évitées (1).

Si le volontaire a l'heureux hasard de débuter sur un bâtiment en voie d'armement, et ne lui présentant, lorsqu'il arrive à bord, que la coque toute nue, il peut mettre à profit une infinité d'occasions favorables que lui fournit cette circonstance exceptionnelle. Une attention minutieuse et soutenue à tout ce qui se passe, jointe à des renseignements sollicités à propos, le rendra bientôt expert dans les éléments pratiques de l'art du gréement. On a vu de *très-jeunes gens*, *avant de quitter* le port, répondre, d'une manière satisfaisante, aux questions les plus délicates sur l'installation du beaupré d'un vaisseau de ligne; et le fils d'un officier très-distingué, à peine porté sur les rôles depuis quatre mois, expliquer nettement et théoriquement, dans les plus

(1) « A moins que l'élève, » observe un écrivain très-compétent, « n'ait pris sa nouvelle carrière en aversion, les occasions de s'instruire ne lui manqueront jamais. Chaque pas qu'il y fera le rendra victorieux d'une difficulté progressive, et verra s'aplanir celles d'un ordre plus élevé. Pendant que ses *ignorants* camarades se ruent sur un tric-trac, griffonnent des vers pitoyables, soufflent dans une flûte, ou raclent d'un mauvais violon; son application à des études plus substantiellement utiles, occupera agréablement les heures où il n'est pas de quart. »

and the way *that it leads* aloft." Such opportunities to acquire a practical acquaintance with the *standing* rigging and the running ropes ought rather to be sought than shunned (1).

Should the volunteer embark on board a vessel newly commissioned, he must avail himself of every advantage which first equipments invariably afford. By close observation and well-timed inquiry, considerable progress may be made in the rudiments and practice of "rigging." Intelligent and observant *lads* have, before now, *previously to leaving* port, been able to answer all the nice questions touching the "clothing" of a battle ship's bowsprit; and the son of a gallant and distinguished officer in the service, not more than four month's "borne on the books," became, from observation

(1) "Unless the midshipman," observes a professional writer, "has an unconquerable aversion to the acquisition of those qualifications which are so essential to his improvement, he will rarely want an opportunity in making a progress therein. Every step he advances in those meritorious employments will facilitate his accession to the next in order. If the *dunces* who may be his messmates are rattling the backgammon dice, roaring bad verses, hissing on the flute, or scraping discord from the fiddle, his attention to more serviceable studies will sweeten the hours of relaxation."

grands détails, toutes les opérations nécessaires au changement d'un mât de hune (1).

PREMIÈRE SORTIE A LA MER. — *Mal de mer.* — Le meilleur remède à employer contre cette maladie accablante, on peut dire à la lettre annihilante, c'est la ferme résolution de la vaincre. Rester au lit, se traîner dans les batteries ou les entreponts n'aboutit à rien, si ce n'est à prolonger les souffrances et débiliter le corps. Quelque malade que vous soyez, aspirez le grand air et la brise de la mer. Bien que vos pas chancelants sur le pont vous exposent à y faire triste mine, ayez le courage d'y rester; promenez-vous-y de l'avant à l'arrière, votre *pied* deviendra peu à peu marin (2), et la maladie, s'affaiblissant graduellement, finira par disparaître.

MONTER DANS LE GRÉEMENT. — Dès que les jambes se sont raffermies, et qu'on a maîtrisé le mal de mer, on devrait s'exercer à monter

(1) Ce fait fut consigné dans le certificat délivré par son capitaine.

NOTE DU TRADUCTEUR. — Vu la différence des positions, et du mode régulier d'instruction bien supérieure adoptée par l'École navale, tous ces conseils ne trouvent pas une application identique. Néanmoins, un très-grand nombre sont bons à méditer, surtout ceux qui se rattachent à la SUBORDINATION. Tous nos désastres viennent de son relâchement, et par contre de l'incurie, de la mollesse du gouvernement de bien des époques. Ce dernier a trop souvent oublié que, de la rigoureuse sévérité dont BYNG fut la victime, date la fortune navale de l'Angleterre.

(2) Pendant que les jeunes égrillards bien portant se *railleront* de vous, *mangez* des noix de pain d'épice préparé à cet effet; c'est, contre le mal de mer, un spécifique souverain.

alone, perfectly acquainted with the principle and practice of shifting a top-mast (1).

PUTTING FIRST TO SEA.—*Sea-sickness.*—The best specific that can be offered for this unmanning malady is to persevere in a spirited determination to conquer it. Lying in bed, or lounging below, will be of no avail. On the contrary, such practices tend only to prolong suffering and debilitate the body. Howsoever "sick," determine to keep the deck, inhale the open and sea-bred breeze, and, though an awkward stagger be discernible in the step, persevere in the "*walk*" fore and aft (2). Sea-*legs* will imperceptibly come, and sea-sickness gradually subside.

GOING ALOFT. — As soon as "sea-legs are found," and sea-sickness is fairly overcome, the young gentleman should habituate himself

(1) This fact was, by his captain, recorded in the young gentleman's official certificate.

(2) Whilst, at the patient's expense, healthy and hearty mids are *cracking* occasional jokes, the unpitied sufferer may be *cracking* ginger-bread nuts, an excellent specific for sea-sickness.

dans les *parties élevées du grèement*, ayant soin de ne pas trop se fier aux *enfléchures*, mais de saisir les haubans de préférence. Car, si l'amarrage des premières venait à céder, ou que l'enfléchure elle-même fût pourrie, le corps, perdant son équilibre, causerait probablement la perte d'une vie qui promettait d'être utile à la patrie.

Se promener au vent.—Dans aucun cas, les jeunes gens ne doivent se permettre la promenade sur le gaillard d'arrière, *du côté du vent*. A la mer, leur place est toujours *sous le vent*. Quand, par hasard, ils se glissent au vent, à la suite des officiers qui leur sont supérieurs en grade, ils prennent là une liberté qui, bien que tolérée depuis la paix, est tout à fait en opposition avec la stricte règle du service, et s'exposent à un *mauvais compliment*.

Du journal.—Attention scrupuleuse à y consigner jour par jour, et selon les formules consacrées, tous les événements de la navigation. Quelques minutes dans la soirée suffisent pour ce travail. Ce livre, ou registre, doit être tenu constamment *à jour*, et en état de supporter l'inspection du capitaine.

Du dessin.—Pour ceux qui sont déjà d'une *certaine force* dans cet art, il importe de ne lais-

in going *aloft*. But, in ascending the shrouds, caution is emphatically directed against trusting too much to the *rattlings* of the rigging (the steps of the ladder). The shroud, and *not* the rattling, should be grasped by the hand. Should the seizing of the rattling go, or the rope be rotten, the body may loose its balance, and, in all probability, a promising life be lost to His Majesty's service.

Walking the weather-side.—On no occasion are young gentlemen to walk the *weather-side* of the quarter-deck. At sea, the *lee-side* becomes the midshipmen's parade. When young gentlemen creep over to windward, to accompany their superiors in their step (which, since the peace establishment, has become so prevalent), they infringe the rules of the service, and may be said to be " treading on *tender ground*)."

Log *not in rear*.—The volunteer should not allow his log to be ever in arrear, but should commit to writing (according to the formula established) the diurnal proceedings of the ship. A few minutes in the evening may be advantageously devoted to this purpose. The volunteer's log may be called for inspection at a very unexpected period; the Captain may require its production at a moment's notice : hence the necessity of the foregoing caution.

Illustrative sketches.—Should a *proficiency* in drawing be already made, or the young

ser échapper aucune occasion d'exercer leur crayon à prendre des profils de côtes, baies, caps, points de vue. La collection de ces esquisses diverses enrichira beaucoup leur *Journal;* sur lequel, pour peu qu'il soit convenablement rédigé et nettement écrit, elle jetera un intérêt digne d'éloge et assurera de bonnes notes au volontaire.

Rôles de quart, de combat, escouades et postes affectés a tels ou tels.—Chaque volontaire doit se pourvoir au plus tôt d'une copie de tous les *rôles*, indiquant la distribution des hommes de l'équipage, selon la nature du service et ses exigences. Faute d'avoir ces rôles en sa possession on entraverait tout; et si, pour éviter la censure de ses chefs, le contrevenant se laissait aller à l'usage généralement répandu, mais très-condamnable, d'avoir recours à la copie d'un camarade, l'emprunteur n'échapperait pas tôt ou tard aux mauvaises notes, aux apostilles du livre *rouge*, tenu par le lieutenant en pied. La moindre punition, une fois dans le port, serait d'être consigné à bord. Espérons que cet *avertissement* dispensera du reste.

Tenue a la table du capitaine.—Lorsque vous êtes invité à dîner, soit par le capitaine, soit par les officiers de la chambre, rappelez-vous ce précepte admirable du célèbre Paley : « La déférence sied bien à la jeunesse : la mo-

gentleman be at all accustomed to sketch from nature, he is not only recommended to practise his pencil, but to let no opportunity pass, when coasting, or "running along the land," of taking various views, for the purpose of introducing illustrative sketches into his *log*. A well-preserved and neatly-written log, containing well-executed views, will not fail, on the day of trial, to procure for the young gentleman an official tribute of praise and recommendation.

WATCH, STATION, AND QUARTER BILLS.—Of each of these indispensable "BILLS" the young gentleman will procure an early copy. The prevalent practice of borrowing the *book* of another, with a view to deceive the superior, or to avoid being taken in dereliction of duty, will ensure to the borrower *nominal* notice in the "*bad*-books" of the First Lieutenant. Refusal of "leave" becomes, in port, an unpleasant penalty. This *hint*, it is hoped, will suffice.

DEMEANOUR AT CAPTAIN'S TABLE.—In dining with the Captain, or with the ward-room officers, it were well to bear in mind the admirable precept of the celebrated Paley—"Dependance and obedience belong to youth: modesty is one

« destie et l'obéissance sont ses plus beaux or-« nements; ces qualités ont toujours été consi-« dérées comme les heureux présages d'un vrai « mérite et une présomption favorable de capa-« cité future. » Évitez de vous laisser maîtriser par une timidité puérile et qui sente par trop la *mauvaise honte* de l'enfance; mais gardez un juste-milieu entre une *obséquiosité* trop servilement manifestée par le ton ou le geste, et une inconvenante familiarité. En un mot, alliez, autant que possible, l'aménité dans les manières avec les égards respectueux que vous devez à l'âge ainsi qu'au grade. Cette conduite indiquera que vous êtes sorti de parents honorables; tout au moins qu'on *ne* s'est *pas trompé*, lorsqu'en parlant de vous on se sert de l'ancienne qualification d'homme bien né, d'homme *comme il faut*.

Bon conseil a suivre.—Si le capitaine témoignait à son hôte le désir qu'il allât *s'assurer* de ce qui se passe sur le pont, touchant le vent, la voilure ou le *cap* du navire, le jeune homme fera sagement, profitant de l'*allusion*, d'aller aussitôt tout bien examiner, de venir en faire son rapport, puis de se *retirer* à propos.

Du quart.—L'obligation de faire le quart dépend pour les volontaires du rang et de la capacité du bâtiment. Dans les petits navires où l'on n'a jamais de bras de reste, le service de cette classe de jeunes gens est exigé, très-peu de

of its chief ornaments, and has ever been esteemed a presage to rising merit." Not that an assumption of *boyish bashfulness* can be ever advocated; nor is a *fawning* vulgar servility of tone more to be avoided than a forward familiarity of mien. In a word, a natural amenity of manners, added to a uniform observance of deferential respect for superiors in *age*, as well as in station, will always indicate the well-bred youth, and at least, prove that there is *no misnomer* in the *old* official designation of the YOUNG GENTLEMAN.

ADMONITORY HINT.—Should the Captain propose to his youthful guest an *inquisitive* trip upon deck, to ascertain the quantity of sail set, the *direction* of the wind, or the *position* of the "ship's head," the young gentleman will do well to take the *hint*— return a report and *retire* in time.

KEEPING WATCH.—Upon the size and rate of the ship will depend the necessity of compelling the volunteer to "Keep his Watch." In small vessels, the complement is very limited; consequently as there are no more "cats than

temps après leur embarquement. Un officier de mérite, écrivain estimé (le capitaine Bazil HALL), dit : « Pour un garçon bien portant et actif, « *faire* le QUART est plus avantageux que nuisible. « Après une expérience de douze années d'un « service actif et non interrompu, j'affirme, re- « prend-il, qu'à tout prendre, le plaisir surpasse « de beaucoup la peine. Il n'y a pas de potion « qui provoque à un sommeil plus délicieux « qu'un QUART de quatre heures pendant la nuit. « Sans par trop s'enfoncer dans les discussions « philosophiques, tous ceux qui ont essayé du « régime, avoueront qu'ils se rappellent, avec « un raffinement de plaisir, le bonheur qu'ils « goûtaient à se fourrer dans leur hamac; « lorsque, la tâche accomplie, ils s'étaient dé- « pouillés de leurs vêtements *imbibés* d'eau. « Alors l'univers est oublié; le vent peut rugir, « le navire peut même être en danger, et les « bruyantes manœuvres du quart qui *lui* suc- « cèdent commencer à l'instant. Peu lui importe: « son quart fini, sa tâche est remplie. « Je vais « dormir, dit-il; veille qui pourra! » C'est la per- « sonnification la plus parfaite du mousse de « SHAKSPEARE que l'imagination puisse désirer. »

Tout cela est on ne peut mieux dit, on ne peut plus pittoresque; néanmoins, quelque at-

can catch mice," the services of young gentlemen are often put into early requisition.

An intelligent officer and deservedly-popular author (1) has said, that "to a lad who has health and spirits, *keeping watch* is rather agreeable than otherwise." In saying this, he "speaks from twelve years of almost uninterrupted practice," and declares, upon the whole, that "its pleasures outweigh its annoyances. There is no opiate," continues the Captain, "that ever was devised, which gives such hearty relish to sleep as a good four hours' night-*watch*. Without refining or philosophizing too deeply, every one, I am sure, who has tried the experiment, will recollect the sort of complete self-satisfaction with which he has 'turned in,' after having gone through his work, and stripped off his *dripping* clothes ; still less will he forget the delighted kind of hug which he has bestowed upon himself when fairly under the blankets. All the world is then forgotten ; the gale may be rising, the ship in no great safety, the labours of the night just beginning —no matter, his watch is out—his task is done. 'I'll go to sleep,' he says ; and, sure enough, a young middy, after the *weary* watch is out, lies down as perfect a personification of Shakspeare's ship-boy as imagination could desire."

This is all very well in its way— prettily expressed, and admirable reading. But it may be

(1) Captain Basil Hall.

trayante que soit la lecture des passages auxquels on fait ici allusion, on peut affirmer que les neuf dixièmes des jeunes gens préfèrent le précepte à la pratique. D'ailleurs, cette manière de disposer au sommeil et de l'assurer est bien l'IDÉE du capitaine Hall, mais non du *marin en herbe*. Certainement, personne ne nie que, faire le quart, ne garantisse un sommeil profond. L'*impérieuse* nature le prouve de reste, et cela même en dépit de la discipline la plus sévère, la plus rigide. La tendre jeunesse cède malgré elle à sa puissance magique; et, par ruse ou autrement, dort pendant le quart de nuit, souvent même dans l'eau, ou tout au moins sur le pont qui *la sue*. D'où il résulte que, moins on insistera sur un service qui ne se fait guère que dans un état de somnolence presque continuelle, mieux cela vaudra (1). Que de fois n'a-t-on pas entendu le compatissant officier de quart s'écrier : « Allez-vous coucher, jeune homme; allez, « vous ne faites que vous râcler les os des jambes « contre les *chassis* des caronnades. »

La raison et l'humanité veulent qu'on acclimate peu à peu les jeunes gens à *faire* le quart

(1) Quand l'auteur était jeune, on avait coutume de faire saisir le dormeur par deux vigoureux *gabiers*, et de l'envoyer, sous leur garde, sur la quatrième enfléchure, pour y rester, *barbe au vent*, pendant une heure. Ce genre de punition est tout à fait abandonné aujourd'hui, au moins à bord des bâtiments de la marine royale.

safely asserted, that *nine* out of ten youngsters will prefer the precept to the practice. Moreover, in this mode of ensuring sleep, it may be well to observe, that it is the *Captain*, and not the "*Middy*," that now COMPOSES. It is not disputed that "keeping watch" ensures the certainty of sleep; *stern* nature constantly proves the reverse, despite, too, of discipline the most rigid and severe (1). To her over-powering spell the youngster yields, and, by stealth or stratagem, "sleeps on his watch," stretched on the wet or *water-sodden* plank. Hence it is, possessed of this fact, that the fullest possible dispensation of drowsy service is advocated. How frequently the kind-hearted Lieutenant is heard to exclaim, "Go to bed, youngster— you only knock your shins against the carronade *slides*."

In the practical tuition of *keeping* watch, the boy may be gradually "broken in." One night

(1) In the juvenile days of the author, when young gentlemen were surprised or detected in deck-somnolency, a couple of tall *top-men* were directed to introduce them to the *weather-main-rigging*. For one hour, four rattlings high, and face to windward, were they compelled to remain in this *pleasant* position. This penal practice has become obsolete, and now unknown in His Majesty's Service.

Un jour, ils feront les deux premières heures du premier quart; un autre, partie du quart de minuit à quatre heures; et, dans l'été, le quart entier du matin de quatre à huit heures. Ce dernier est toujours favorable à la santé. Il reste entendu que le jeune homme ne peut compter sur l'indulgence de son chef, qu'autant qu'il se rendra toujours ponctuellement sur le pont au premier commandement de : *En haut les gens de quart!*

Au moyen du tempérament ci-dessus, la tâche et l'épreuve du quart fait d'une manière utile, c'est-à-dire éveillé, s'allègeront progressivement; l'élève s'empressant de se rendre à la voix du quartier-maître qui appelle *au quart!* se façonnera à une habitude qui (bien qu'au dernier rang dans les qualités du marin, n'en est pas moins précieuse) deviendra chez lui une seconde nature (1).

Affaires pécuniaires. — En fait d'argent, l'ordre et la régularité sont d'une absolue nécessité, et afin de parer à la négligence généralement proverbiale des volontaires, on recommande l'adoption de la marche suivante.

Au lieu de s'adresser directement au capitaine ou à l'agent comptable (selon que cette tâche

(1) Il est fréquemment arrivé que la *ponctualité* à se présenter un des premiers sur le pont, au RENOUVELLEMENT DU QUART, a été récompensée d'un abrégement du temps à y passer, et d'un renvoi au lit, même avant l'expiration des deux heures exigées.

he may keep the first two hours of the "First Watch;" another, part of the "Middle," and, during the season of Summer, the "Morning Watch" entire— the last will conduce to his health. In the above arrangement, a conditional compact may be made between the youngster and the officer of his watch—the former to understand that upon every occasion of a "*bad-relief*" the indulgence becomes null and void.

By such like considerate system, both the task and the trial of "keeping watch and *awake*" will alike become progressively lighter, a willing ear will be lent to the quarter-master's call, and, though last, not least in professional value, the praise-worthy practice of a "*quick turn-out*" (1) will habitually follow.

Pecuniary matters.—As order and regularity are of the greatest necessity in money transaction, and as young gentlemen are too apt to be careless in this matter, their attention is directed to the following method, by which much perplexity may be avoided.

Instead of resorting to the Captain (2) for supplies of money without the precaution of in-

(1) The "*Quick* Relief" has been frequently rewarded by an early return to bed.

(2) In some ships the purser undertakes the management of the young gentlemen's pecuniary matters.

sera dévolue à l'un ou à l'autre) avant de savoir s'il est visible, les jeunes gens doivent s'informer auprès du commis si l'on peut les recevoir. En cas d'affirmative, ceux qui ont des besoins de ce genre devront se présenter munis d'un livret dans lequel sera enregistrée la somme fournie. Ce livre, tenu en double par le capitaine, deviendra un moyen infaillible de contrôle réciproque.

☞ Correspondance.—Il est à regretter que les jeunes gens ne mettent pas plus fréquemment à profit les précieuses occasions des relâches pour écrire à leurs parents ou amis, et leur communiquer d'intéressants détails sur les parties du globe qu'ils auront visitées. Le talent remarquable, la force d'intelligence de lord Collingwood durent beaucoup à la scrupuleuse loi qu'il s'imposa, dès le début de sa carrière, de faire part, à tous les siens, de tout ce qu'il avait observé dans ses nombreux voyages. On ne saurait donc assez recommander à la jeunesse de s'adonner au commerce épistolaire. Car, tout en meublant leur mémoire de faits utiles à y consigner, cet exercice aiguisera chez eux la puissance d'observation, les forcera constamment à se tenir à l'affût des sujets les plus intéressants; en somme, deviendra pour l'esprit un vigoureux stimulant. D'ailleurs, l'habitude de donner à ses

quiring previously whether he is at leisure or not, the young gentleman is recommended to send the steward to the cabin to ascertain whether it is convenient to the Captain to see Mr.... In the event of an affirmative answer, the young gentleman may present himself, and make his request; but he should always have with him his account-book, in which the sum supplied should be immediately entered. This book and the Captain's will, with such care, be a check each on the other, a great advantage to both.

☞ EPISTOLARY CORRESPONDENCE.—It is much to be regretted that young gentlemen do not oftener take advantage of the enviable opportunities, afforded by visits to various parts of the globe, of writing letters to their friends. Much of the rare intellectual power possessed by Lord Collingwood was, in all probability, derived from his early custom of communicating, to his relations at home, whatever he had observed in the course of his many voyages. The young gentleman is therefore recommended to practise letter-writing, which will not only sharpen his powers of observation, and induce him to be always on the watch for subject-matter, (thereby storing his mind with useful facts), but will be an admirable discipline for his mental faculties, inasmuch as the habits of literary composition, necessary even in the most familiar correspondence, will impart order and

lettres ce vernis littéraire qui, loin de déparer, rehausse encore l'intérêt de la plus intime correspondance, amènera peu à peu l'écrivain à classer ses idées, à les exprimer avec force et netteté, et lui assurera plus tard cette abondance d'expressions si précieuse à posséder, soit qu'on écrive, soit qu'on parle; *deux qualités bien* ESSENTIELLES *dans le* RANG ÉLEVÉ *où l'avenir peut l'appeler*. Ensuite, quels délicieux plaisirs la réception de ces lettres ne procure-t-elle pas aux parents de l'écrivain, eux dont la tendre sollicitude traduit toujours un long silence par quelque grande catastrophe! Heureux encore, s'ils n'ont pas la mortification d'en recevoir sur *papier timbré*, commençant par ces mots : « Il « vous plaira payer à *trois mois de date!* » mode de correspondance plus que blâmable, adopté par les insouciants, les cœurs secs et égoïstes, mais surtout par les paresseux.

ÉVITER TOUT CE QUI FRISE LE MERVEILLEUX OU L'EXAGÉRATION.— On ne saurait mieux terminer ce qui traite du volontaire de la marine que par un dernier conseil de la plus haute moralité; c'est encore un legs précieux du philosophe Paley : « Nombre de gens se permettent la fic- « tion et l'exagération même dans les sujets sé- « rieux, soit qu'ils parlent d'eux-mêmes ou de « leurs amis, soit qu'ils vous entretiennent des « choses extraordinaires qu'ils ont vues ou dont « ils ont entendu parler. On peut, jusqu'à un « certain point, excuser cette manie, tant que

strength to his ideas, and give him facility of expression both in writing and speaking; an accomplishment highly necessary in his *future elevation* to RANK. What delight, too, will the receipt of such letters give to the parents of the writer, who, in the anxiety of their hearts, may attribute long silence to some disastrous occurrence, or will be sorely mortified if it be broken only through the medium of a *stamp,* beginning with the words "Three months after date!" a mode of correspondence too exclusively adopted by the thoughtless, the unfeeling, the selfish, and the idle.

INDULGING IN THE MARVELLOUS.—In concluding the Chapter of the Volunteer, a legacy is left in the shape of an admonitory moral. The bequest is valuable: it comes from the well-known Moral Philosopher PALEY.

"Many people indulge, in serious discourse, a habit of fiction and exaggeration in the accounts they give of themselves, of their acquaintance, or of the extraordinary things which they have seen or heard; and so long as the facts they relate are indifferent, and their narratives, though false, are inoffensive, it may

« les faits rapportés sont indifférents et que la « narration est innocente, bien que fausse par « le fond. Ce serait pousser trop loin le culte de « la vérité, que de leur en faire un crime par « *amour* seul *de la vérité.*

« D'abord, il est presque impossible de déci- « der avec connaissance de cause, et sans examen « préalable, s'il y a mensonge. *Volat irrevocabile.* « Souvent il grandit dans son vol au point de « devenir méconnaissable.

« En second lieu, cette licence dans la con- « versation manque totalement le but qu'elle « voulait atteindre. Un des grands plaisirs et des « avantages de la conversation repose sur la vé- « racité du narrateur, véracité en faveur de la- « quelle les habitudes énoncées plus haut laissent « peu d'espérance. La confiance de l'auditoire « est mise à une rude épreuve, s'il croit que le « narrateur s'affranchit, ou s'il pense que le nar- « rateur lui-même s'affranchisse de toute obli- « gation d'être vrai, hors le cas où l'importance « du sujet exige une rigoureuse véracité.

« Mais indépendamment de ces deux raisons, « un mensonge *innocent* nous entraîne presque « toujours à quelque autre qui ne *l'est pas du* « *tout.* J'ai rarement vu ceux qui faussaient la « vérité dans les bagatelles, *mériter* plus de « croyance dans des circonstances plus graves. »

seem a superstitious regard to truth to censure them merely for *truth's sake.*

"In the first place, it is almost impossible to pronounce beforehand, with certainty, concerning any lie. *Volat irrevocabile*, and collect sometimes accretions in its flight, which entirely change its nature.

"In the next place, this liberty in conversation defeats its own end. Much of the pleasure and all the benefit of conversation, depends upon our opinion of the speaker's veracity, for which this *rule leaves no foundation.* The faith indeed of a hearer must be extremely perplexed who considers the speaker, or believes that the speaker considers himself, as under no obligation to adhere to truth, but according to the particular importance of what he relates.

"But besides and above both these reasons, *white* lies always introduce others of a *darker* complexion. I have seldom known any one who deserted truth in trifles that could be *trusted* in matters of importance."

L'ÉLÈVE DE LA MARINE.

SES DEVOIRS (1).

Observations préliminaires. — Le premier devoir de l'élève est, dans toute l'acception morale du mot, d'étudier à fond sa *position;* de s'identifier avec elle, en cherchant à développer, nourrir et conserver les sentiments qui, quelque inférieur que soit son grade, *constituent l'homme d'honneur.* A ce titre, ainsi que par son éducation, il a droit à un poste de confiance, poste parfois assez important.

L'obéissance étant l'âme du service, l'élève doit adopter pour maxime invariable, que « celui-là ne saura jamais *commander*, qui n'a pas su *obéir.* » Imbu de cette conviction, il fera peu de faux pas. Elle lui *tracera*, sans risque de la moindre erreur, le chemin qu'il doit suivre, deviendra son étoile polaire; en somme, lui frayera la route au *vrai nord* de sa carrière navale.

INSTRUCTIONS GÉNÉRALES.—Aux yeux de tous,

(1) On engage fortement l'Élève à lire attentivement le chapitre relatif au Volontaire et à le bien méditer ; il y trouvera une foule de conseils qui lui sont applicables et indispensables à suivre.

MIDSHIPMAN (1).

Preliminary Remarks. — The primary injunction imposed upon the midshipman will be, in the moral acceptation of the term, the study of his *station,* — to learn, to feel, to encourage and uphold the sentiment, that, though subordinate his office, it *is the office of a gentleman*—a gentleman entitled to trust, and not unfrequently fulfilling a post of importance.

Obedience being the "soul of the service," it should be with the midshipman a fixed maxim that "He who knows not how to *obey*, will never know how to *command.*" Guided by this simple aphorism, he can err little in his professional progress: it *will shape* for him, as it were, his cardinal course, point his polar star, and ultimately indicate the "*True North*" of the Naval Needle.

General directions. — The necessity of *uni-*

(1) The Midshipman is requested to peruse the preceding chapter.

le *besoin* d'*ensemble* dans l'*accomplissement* des devoirs de chacun, est, comme garantie du succès, une condition obligée. Or, de même que l'on place des vigies, des balises et des bouées partout où se trouvent des dangers cachés, ainsi poserons-nous ici quelques jalons, quelques avis protecteurs, quelques marques indicatrices des *écueils* du gaillard d'arrière.

Tenue sur le gaillard d'arrière. — Éviter en s'y promenant d'avoir les mains dans ses poches; s'abstenir de *fredonner*, ainsi que de toute mauvaise plaisanterie graveleuse ou bouffonne. Les jeunes gens qui se *dandinent* sur les hamacs, *gênent* ou *dérangent* le branle-bas dans les *bastingages*, devraient être prévenus que ces pratiques de nonchalance et de désordre échappent rarement à l'œil investigateur du premier lieutenant.

Célérité dans l'exécution des ordres. — L'élève doit avoir constamment l'*œil* et l'*oreille* au *guet*, afin que l'officier de quart ne soit jamais dans la nécessité de répéter ses ordres.

Aussitôt l'ordre donné, l'élève ne doit ni rester immobile, ni *transmettre*, *à pas comptés*, l'ordre articulé. Car, pour peu qu'il se pique d'honneur, il n'est pas là pour jouer le rôle de *porte-voix ambulant* (1). A peine la dernière

(1) A bord des navires bien commandés, on repousse cette pratique comme incompatible avec une bonne discipline. Le silence étant l'âme de la subordination, on ne devrait jamais entendre qu'une seule voix et *un seul sifflet*.

form attention in the due *discharge* of general duty must be manifest to every capacity. But, as buoys and beacons are placed where only sunken and hidden dangers lie, so here may be given a few " directions " and " leading marks " to avoid the shoals and *shallows* of the quarter-deck.

Demeanour on the quarter-deck. — The midshipman is never to walk with his hands in his pockets; neither is he to permit himself " to *skylark*, " as it is vulgarly termed, or to hold jocular discourse on the quarter-deck. Young gentlemen addicted to *lounging* on the hammocks, or *disturbing* their stowage in the *nettings*, should be made aware that these practices are misdemeanours seldom overlooked by the first-lieutenant.

Execution of orders. — The midshipman is to give to all around a *quick eye* and an *open ear*, and never to cause the officer in command to repeat his orders.

When an order is given, the midshipman is neither to stand still, nor to *pace leisurely* along the deck for the mere purpose of repeating mandatory sounds (1); nor is the part of " *walking speaking-trumpet* " ever enacted by the

(1) In well-regulated ships this practice is considered inconsistent with discipline. One voice and *one pipe* are better than fifty repetitions of senseless sounds.—Silence is the soul of subordination.

syllabe du commandement s'est-elle fait entendre, que tout élève, jaloux de la faveur de ses chefs, doit *courir* et non *marcher* pour activer l'exécution de la manœuvre, en y participant au besoin.

Service de la manoeuvre.— Dès qu'il s'agit d'exécuter une manœuvre, l'élève ne doit jamais, quelque peu importante qu'elle soit, souffrir qu'aucun homme du quart reste inactif. Il les encouragera gaiement à se mettre à l'œuvre, les distribuant lui-même sur les palans, boulines, bras, drisses, etc., etc., toujours avec calme et à propos, ayant soin de les ranger partout où la force physique nécessitera le plus leur coopération.

Arrimage et disposition des branle-bas. — Rien n'annonce mieux des habitudes d'ordre, rien n'ajoute autant à l'air *dégagé*, sur un bâtiment de l'État, qu'un arrangement propre et symétrique des hamacs. Les élèves sont souvent *en* défaut quant à ce qui concerne leur surveillance de cette opération, oubliant que la négligence, dans cette partie du service, passe rarement inaperçue.

Pendant toute la durée du branle-bas, l'élève doit se tenir sur le côté du pont *faisant face* au bastingage que l'on garnit de hamacs. Cette position lui permettra de veiller à ce qu'on les y place sur l'alignement voulu; il pourra mieux diriger l'*arrimeur*, à mesure que celui-ci va de l'avant à l'arrière du filet, et, ainsi, s'assurer que les

midshipman of emulous mind. The moment an order has escaped the lips of his superior, he who seeks or expects *official favour*, will *run*, and not *walk*, to carry into execution the service required.

Evolutionary duties. — In the performance of evolutionary duties, the midshipman ought not, on the completion of minor service, to permit the men to remain inactive. He should encourage alacrity, divide them on the different ropes, and, with a silent and systematic tact, despatch them to that part or position of the deck where physical strength is most required.

Stowing hammocks. — Nothing is more indicative of "order," or adds more to the *smart* and favourable appearance of a vessel-of-war, than a neat and symmetrical stowage of hammocks.

In the superintendence of this necessary duty, midshipmen are often *at* fault, forgetting that negligence in the performance of this service is seldom permitted to pass unnoticed.

In the stowage of hammocks, the midshipman should stand on the *opposite* side of the deck, a position which will enable him to preserve a symmetrical line, and guide and direct the "*stower*" in his progress fore-and-aft the netting. Midshipmen are also enjoined to be careful that the hammocks of the men be pro-

hamacs sont tous convenablement *rabantés*. Les *contrevenants* à cette règle sont signalés par l'élève au premier lieutenant. Le soir, au coup de sifflet de « Bas les branles ! » on apportera le même soin à ce que les hamacs ne soient pas jetés en vrague sur le pont.

Discussions sur le service. — Pour tout ce qui tient au service, l'inférieur doit s'abstenir de toute discussion. *Obéir* et *se taire*, même en cas de reproches, est ce qu'il y a de mieux à faire.

Inconvenance de la critique exercée sur ses chefs. — La *direction*, le *gouvernement*, et l'*administration* d'un bâtiment de guerre ne sont pas choses aussi faciles que le pensent les subordonnés. *Qu'ils se gardent* donc de critiquer et les actes et les ordres de leurs supérieurs ! *Se constituer*, de son *autorité privée*, le censeur de ses chefs, jouer le rôle de Zoïle de mer, est une faute. Il est beaucoup plus sage de garder pour soi ses propres remarques ; cependant, si vous avez une si grande démangeaison d'exercer la satire, faites celle de vos prétentions personnelles ; alors, vous découvrirez peut-être que la rage de tout blâmer et la sotte incapacité sont sœurs jumelles.

Soyez sobre de plaintes. — Pesez bien la valeur de vos griefs avant de porter plainte ; ils

perly *lashed-up*. *Defaulters* in this particular should be reported to the first-lieutenant. In piping down hammocks, gentlemen are cautioned not to permit the men to throw them on the decks.

Disputations on duty. — He must never permit himself to dispute with his superior on "points of service;" nor should he reply to reproof. Upon occasions of receiving censure, silence will befriend him most.

Remarks on superiors in office. — It is not so much a matter of facility as the midshipman or mate may imagine, to *regulate*, *direct*, or preserve the *internal economy* of a vessel-of-war, and therefore it is that gentlemen are *required to refrain* from making remarks touching the conduct or orders of superiors in office. Instead of *becoming* the *self-constituted* censor, or enacting the part of the sea Zoilus, the midshipman will best consult his own interest when he confines to silent thought his strictures on others. "If he be nothing unless critical," let him criticise his own pretensions. Possibly he may then discover that unbecoming censure and unwarrantable self-sufficiency invariably go hand-in-hand.

Hasty complaints. — Hasty complaints are to be avoided; they are seldom supportable.

sont rarement fondés. Avant d'en venir à cette extrémité d'une plainte officielle, l'élève agira prudemment en bien scrutant sa propre conduite, puis en consultant le plus âgé et le plus expérimenté de ses camarades.

☞ JUREMENTS ET IMPRÉCATIONS. — La coutume *ignoble* de jurer, de proférer des imprécations, de se servir d'épithètes flétrissantes quand on est de service, dénote, chez celui qui s'y livre, un besoin de masquer sa nullité par la rodomontade. « Montrez-moi un jureur de profession, disait un célèbre amiral, et je vous montrerai un mauvais officier ! »

Le matelot finit par devenir insensible à d'aussi grossières injures constamment répétées. Elles peuvent bien frapper son oreille ; son esprit, jamais ! Ne considérât-on que l'*inefficacité* d'une aussi pauvre ressource, indépendamment du mauvais goût, on devrait s'en corriger. Que de fois n'a-t-on pas entendu les *apartés :* « Ne fais « pas attention *à lui ;* c'est une véritable *soupe* « *au lait !* — Il n'est pas dans sa *nature* de parler « à un homme *comme un homme.* »

ABSENCE DU BORD SANS PERMISSION. — Cette infraction à la discipline est peu digne des élèves. C'est une véritable *habitude* de *corsaire.* De là vient la définition, passablement forcée, *prendre une permission sous la semelle de ses souliers.*

Before making his last official appeal, the midshipman is recommended to examine well his own conduct, and consult an elder and more experienced messmate, ere he proceeds to the quarter-deck.

☞ Oaths and imprecations. — The *vulgar* practice of swearing, of uttering profane imprecations and opprobrious epithets in the exercise of official duties, warrants a suspicion that he who indulges in them feels it necessary to cloak by bravado his own insufficiency. "Shew me a confirmed and habitual swearer," said a celebrated Admiral, "and I'll shew you a bad officer."

Seamen soon become callous to repeated imprecations : these, indeed, strike the ear, but produce no effect on the mind. Were it only in consideration of the mere *idleness* of the habit, (to say nothing of the wretchedness of the taste), it would be well to discontinue the practice. How frequently have such words been said *aside*, "Never mind *him*, — he's all *froth and fire*, — it's not in his *natur* (1) to speak to a man like a man."

Absence without leave. — In this misdemeanour, midshipmen are not recommended to indulge. It has ever been deprecated as a vile and "*privateer practice*," from which may be traced the far-fetched phrase, "*taking French leave.*"

(1) Pour *nature*.

Cependant, les partisans et praticiens de la nouvelle école anglaise des *Sans-gêne*, préférant l'allusion anglaise, désignent *cette équipée* (*liberty*, mot du texte, signifie ici *licence*) « Aller à terre d'après le *Nouvel* Acte. » Mais l'acte est considéré comme un tant soit peu vieilli, et n'a que rarement passé avec impunité (1).

(1) Un *midshipman* appartenant à une frégate sur laquelle avait servi l'auteur, usait plus que fréquemment de cette *liberté* dite *gauloise*. Le premier lieutenant s'étant aperçu de ses *escapades*, réitérées cinq nuits de suite, lui *laissa* complétement *la bride sur le col*. Notre coureur nocturne revenait à bord tous les jours à six heures du matin, entrant par le *sabord de chasse* de la *batterie basse*. Le premier lieutenant, qui était un *malin*, avait imaginé, contre le hardi coupable, un genre de correction à laquelle il était peu préparé. De très-grand matin les élèves de quart ou non de quart furent convoqués sur le pont, et réunis sur le gaillard d'arrière. Le capitaine d'armes, le caporal des soldats de marine, plus neuf simples soldats, tous en grande tenue de revue militaire, et la baïonnette nue à la main, avaient été d'avance postés près de la *chaudière* du *maître coq*. Le nouvel acteur de cette scène arrivant, comme à son ordinaire, *par* le *bossoir*, s'introduisit à bord par le *sabord de chasse*, vêtu de son HABIT de *cérémonie*, et portant des bottes à revers. Il ne fut pas peu surpris de trouver, rangée comme *en bataille*, une garde d'honneur prête à le recevoir sous la cuisine.

D'après ses instructions particulières, le capitaine d'armes vint frapper sur l'épaule du délinquant, lui signifiant que lui, *élève*, était son prisonnier, et l'invitant à entrer dans la file qui devait lui servir d'escorte militaire. « *Demi-tour à droite, fixe! en avant, marche!* » cria le commandant de l'escouade. Puis, il fit faire à son prisonnier deux fois le tour de la *batterie basse*, des passe-avants, gaillard d'avant et gaillard d'arrière, en présence d'un grand nombre de mousses, matelots, soldats de marine, maîtres, contre-maîtres et élèves, tous se tenant les côtés pour ne pas éclater de rire à la vue d'une scène aussi burlesque. Arrivé

Practitioners, however, of the present "*free-and-easy*" *school*, preferring the English to the French allusion, designate *the* "*liberty*, ashore on the *new* Act." But the act is an old one, and has seldom passed with impunity (1).

(1) A midshipman of a frigate in which the author had served was in the constant habit of indulging in this Gallic liberty. The first-lieutenant, aware of his *freaks*, for four or five successive nights, *permitted him* unmolested to *follow his* "*fling*." The nocturnal roamer would return on board about six in the morning, entering one of the *bridle ports* on the *main-deck*. The first-lieutenant was something of a *wag*, and had planned for the fearless offender a punishment which the latter was little prepared to expect. At an early hour in the morning, the *midshipmen* were summoned on deck—watch or no watch, all were required to appear on the King's Parade. The master-at-arms, the corporal of marines, together with nine rank and file, regularly accoutred with cross belts, and armed with drawn bayonets, had been previously planted in line in the immediate vicinity of the *cook's coppers*. As usual, boarding *on* the *bow*, and entering the "*bridle*," attired in top-boots and his *shore-going* SUIT, the new actor was not a little surprised to find, drawn up *in full array*, a guard of honour ready to receive him in the galley.

In accordance with his private instructions, the master-at-arms proceeded to tap the defaulter on the shoulder, intimating to him that he was already his prisoner, and requiring him forthwith to "fall in" in the line for military escort. "*Right about face! march!*" cried the commander of the "party," parading his prisoner twice around the *main-deck*, gangways, forecastle and quarter-deck, in the presence of a numerous assemblage of boys, blue-jackets, marines, mates, and *midshipmen*, bursting their sides with suppressed laughter at this ludicrous scene. As soon as his second turn had been completed

MANOEUVRE DU PLOMB DE SONDE. — L'élève doit de temps à autre s'exercer à jeter le plomb, et se familiariser tant avec les marques des nombres impairs, *pairs* et des *fractions*, qu'avec la manière la plus avantageuse ou la plus expéditive de tenir la ligne, de la glêner et d'en disposer les glênes. Celui qui, au bout de trois ans de mer, manquerait d'expérience dans une opération aussi importante, ferait une triste figure, si, chargé de diriger l'homme qui jette le plomb de dedans les porte-haubans, et de veiller à ce que son *chant s'accorde* avec son *brassiage,* lui-même il y était novice.

GOUVERNER. — L'élève devra saisir toutes les occasions favorables d'étudier le maniement si *délicat* du gouvernail. Dans ses heures de loisir, quand il n'est pas de quart et qu'il s'ennuie en bas, qu'il monte sur le pont et prenne la barre pendant une heure, ou bien qu'il réclame un *tour* à la roue en se plaçant au vent, ne fût-ce que pour *tuer* le temps. Alors, soit qu'il gouverne sur le compas, soit qu'il se *guide* par son seul instinct d'appréciation, ou par le secours de la voix d'un homme placé sur le bastingage,

au terme de sa promenade, on le fit arrêter en face du premier lieutenant, qui, du ton le plus grave et le plus imposant, ordonna au coupable humilié de *se rendre* en vigie sur les barres du *petit perroquet,* et de bien veiller à ce qu'aucune embarcation n'*abordât par l'avant.* Il est inutile d'ajouter que, malgré l'ancienneté de la coutume, le *nouvel acte* ne se reproduisit plus.

Exercising the lead. — The midshipman should occasionally practise the art of heaving the lead, and make himself thoroughly acquainted with the several "marks and *deeps*," and the mariner's method of holding and coiling the line. Deficient in these practical matters, a midshipman, after some three years' service at sea, would present an awkward appearance, were he directed to stand over the leadsman in the *channels*, to see that his "*song and his soundings*" agree.

Exercise in steering. — The midshipman should avail himself of every opportunity to study the *secret* of steering. When unoccupied in his watch below, or when the young gentleman is at a loss to amuse his mind, let him repair upon deck, take the helm for an hour, or try a "*trick* at the weather-wheel," to *while away* time. The stronger the breeze, whether steering by compass or *conning* by the wind, the sooner will he become practically acquainted with the power and properties of the helm.

around the different decks, he was halted in front of the first-lieutenant, who, with the greatest gravity, directed the cast-down criminal to "*proceed forthwith* to the *fore-top-mast* head, and to keep a good look-out that no boats *boarded on the bow*." It is needless to add, that, though an *old* practice, the "*new act*" was never repeated.

plus il ventera fort, plus tôt il acquerra par la pratique des notions compétentes sur la puissance de direction et les propriétés du gouvernail. Si le vaisseau est trop sur son nez, le timonier doit s'attendre au commandement de « *La barre toute dessous!* (*Arrive tout!*) » et se tenir tout prêt à exécuter. Si, au contraire, il se comporte mollement (fait des embardées, ne sent pas sa barre, ou si son *arrière* est trop *léger*), il devra épier le commandement de « *Lof tout!* »

Au plus près. — Un lan, ou fasciement dans la toile du grand hunier (ou de la grande voile, si quelque chose obstrue la vue de la première) indiquera que le navire est dans le cas du commandement de « *Près et plein!* » Observez que, quand on tient *le plus près*, le *penon* n'indique pas toujours fidèlement la véritable direction du vent.

Courir largue sur un air de vent donné. — C'est ici que le tact du timonier sert à modérer les élans du navire (1), ou à les précipiter à propos sur tribord ou sur bâbord. Il ne faut pas trop se fier à l'indication du compas, dont la rose souffre elle-même beaucoup d'oscillations dues aux mouvements saccadés du vaisseau. Elle ne revient point assez promptement à son parallélisme, et ne peut donc indiquer fidèlement où le navire a le cap; pendant que, d'un autre

(1) *To anticipate* or *check the yawing of a ship*, rencontrer

Should the ship be too much *by the head*, the helmsman is warned to expect a "*taut weather helm.*" If, on the contrary, she *swims* too much *by the stern*, she will *carry it a-lee*, or what is technically termed a slack helm.

When steering by the wind. — A tremulous motion in the clothes of the main-top-sail (or the main-sail, should the break of the poop obstruct the view of the former) will always indicate that the ship is then at the desired point of "*full-and-by.*" When sailing *obliquely* to the breeze, the *dog-vane* does not shew the true direction of the wind.

When steering a course.—Much of precision will depend upon the helmsman *anticipating*, or *checking* the ship in her inclination to *yaw* to starboard, or to port; nor must he trust too much to the compass-card. — The compass suffers much agitation from the motion of the vessel, and does not return sufficiently quick to its parallelism to point out the *true* position of the ship's head; whilst, on the other hand, the compass, in smooth water, requires to be tou-

l'arrivée *ou* l'oloffée pour prévenir les *embardées*.

côté, quand la mer est calme, le compas *dort* quelquefois, et demande à être touché du bout du doigt, afin de le *réveiller,* de le remettre en mouvement. Les conditions essentielles pour gouverner facilement à l'air de vent indiqué sont : *peu de barre à la fois,* un coup d'œil prompt et alerte à précipiter ou neutraliser les *élans* du vaisseau, et, par-dessus tout, une pratique exercée, une espèce d'*instinct,* des effets et caprices du gouvernail, dépendant tous, plus ou moins, de l'inclinaison du vaisseau, soit en avant, soit en arrière. « Le timonier expérimenté « juge facilement, dit Gower, si le navire est « *ardent* ou *non.* Dans le premier cas, la barre « paraît dure; et la brise, qui nous vient par « l'avant, semble fraîchir; au contraire, à mesure « que le navire *arrive* en obéissant à la barre, « celle-ci *devient légère à* la main, et le vent, « tournant à l'arrière, paraît diminuer de vio- « lence. »

ÉCOLE DU CANON.— Dans un chapitre consacré au premier lieutenant, on insiste fortement sur la nécessité d'y *exercer* les jeunes gens. Tout officier devrait s'entendre à monter et démonter les pièces, les embarquer et débarquer, les mettre à la *serre,* les installer, manœuvrer, *pointer sur tous les angles,* et pour toute espèce de calibre employé *à bord.* On doit savoir se rendre compte

ched to set it in motion. The principal requisites essential in steering are these: — *a small helm*, a quick eye, and ready hand to anticipate and "meet" the *movement of the ship's head*, and, above all, a nice acquaintance with the feel and force of the helm.

"The feel of the helm," says Gower, an experienced seaman, "is a nice criterion to judge whether the vessel be *coming-to* or *falling-off*. As the vessel comes to against the helm, it will feel heavier, and the wind coming forward will appear stronger; on the contrary, as she *goes off*, and gives way to the power of the helm, it *eases in* the hand, and, by the wind's drawing aft, it appears to lessen."

EXERCISE AT THE GREAT GUNS. — In a chapter dedicated to a superior officer (1), the necessity of *training* young gentlemen at the guns is strongly urged. Every officer should make himself acquainted with the practical methods of mounting and dismounting artillery, — *housing* and *securing* guns for sea service, — training, pointing, *elevating*, and *depressing* every species of ordnance used *afloat*. He should also be conversant with the laws and actions of

(1) *See* FIRST-LIEUTENANT. (*Voir* la note de la page 8.)

du poids relatif et de la puissance des projectiles, ainsi que de leurs effets divers; de la résistance de l'air sur les boulets, de leur gravitation; enfin, tout ce qui constitue le bon *artilleur* naval. L'époque n'est pas éloignée où, dans l'examen des élèves au grade de lieutenant, figureront comme obligées un grand nombre de questions théoriques et pratiques sur cette branche des connaissances nécessaires au marin. Que les intéressés se tiennent donc *sur leur garde* et s'en occupent à l'avance.

Se trouver le plus souvent possible dans les hunes, sur les vergues pendant les manoeuvres.— Les jeunes gens entendent bien mal leurs intérêts, qui n'envisagent que comme audessous d'eux, ou regardent comme vexatoires, ou comme corvée imposée par voie de punition, les études théoriques et surtout pratiques à faire dans les parties hautes du gréement. S'il y a corvée, elle n'existe, à vrai dire, que pour celui ou ceux auxquels la *tâche de cet enseignement* peu agréable est *imposée.* Nous laissons ce sujet à l'appréciation du premier lieutenant.

Observations astronomiques.— Il n'est point de connaissances acquises qui soient d'une plus haute importance, et qui récréent davantage l'imagination, que celle de pouvoir calculer la distance angulaire des corps célestes. Ces calculs fournissent des moyens presque infaillibles d'assigner au navire sa position à la mer; ils suppléent aux imperfections de l'estime qu'ils sont

projectiles propelled by powder — the powerful effects of gravity, and resistance of the air on shot, and all the necessary knowledge requisite to constitute the naval *artillerist*. Indeed, it is generally believed the day is not distant when *Naval Gunnery* will form part and parcel of the midshipman's *examination* for lieutenant. This *hint* may serve to put young gentlemen "*on their metal.*"

Exercise in evolutions aloft. — Young gentlemen sometimes mistake, or pretend to mistake, the intention of this exercise. However essential to the attainment of nautical knowledge, personal "practice" in evolutionary duties aloft is often, by the idle and ignorant, regarded in a penal light; whereas, if truth be told, the only individual upon whom the "pains and penalties" of *drill* are inflicted, is the officer who performs the *pleasurable* part of professional tutor. — Suggestions on this subject are reserved for the consideration of the *senior* lieutenant.

Celestial observations. — No acquirement is of greater importance to the professional student, nor capable of affording him more of mental amusement, than the practice of taking "angular distances" between celestial bodies. By a competent knowledge of this branch of nautical science, the sea-officer arrives at results which enable him to ascertain his situation at

appelés à rectifier, chaque fois que l'état du ciel permet d'invoquer le secours des astres lumineux. Tout marin, à qui ses propres études refusent ces ressources, n'est *marin* qu'à *demi*. C'est une justice à rendre aux officiers de la Compagnie des Indes-Orientales, qu'ils apportent l'attention la plus scrupuleuse et la plus soutenue dans l'étude de cette science (le bras droit de l'art nautique), tandis que, *il est dur de l'avouer*, dans la marine militaire de Sa Majesté britannique, on traite cette branche de l'instruction navale avec une espèce de dédain. Il serait temps, néanmoins, que les jeunes gens de notre époque cessassent de mériter un semblable reproche. Nous les engageons donc vivement ici à ne laisser échapper aucune occasion favorable de multiplier les calculs de deux hauteurs, mesurer la distance de la lune au soleil, afin d'en *déduire* la longitude (1). Ils devront également s'exercer à obtenir la latitude par la hauteur méridienne des étoiles.

(1) Quand l'observateur prend ses distances, on croit devoir lui conseiller de s'assurer si le mouvement de la *vis de rappel* est *progressif* ou *rétrograde*. Car les instruments les plus parfaits produisent, dans les deux cas, des différences sensibles. On ferait encore bien d'adopter pour règle, de ne jamais faire d'observation avec un mouvement rétrograde; c'est-à-dire, en diminuant l'angle (*); et ce, afin que ce mouvement soit le plus uniforme possible.

(*) CONJECTURE DU POURQUOI. — On peut attribuer cette différence à peu après le temps d'arrêt de l'impulsion communiquée. De plus, dans le force : ce qui a toujours lieu dans les habitudes contrariées, pour les corps (*Explication fournie par M. Daussy*,

sea when the "dead reckoning" can be no longer depended on. This is of vital necessity, as is well known in the East-India service, wherein the study in question is sedulously pursued, and the utmost advantage reaped; but, *strange to say*, in His Majesty's Navy little attention is paid to it. Young officers should, however, be anxious to remove this well-merited reproach. They are therefore enjoined to avail themselves of every opportunity, when "the sun and moon are in distance," to take lunar observations (1), and *work* the results. — They are also recommended to habituate themselves to the method of obtaining the latitude by the "meridional altitude" of stars.

(1) It may be well to caution the observer, when taking his distances, to *note* whether his motion on the tangent *screw* is *progressive* or *retrograde*. The most perfect instruments have a material difference. It is not a bad rule—"Never make an observation on the *retrograde* motion." — BELCHER, *on Nautical Surveying*.

l'élasticité du métal, qui fait que le mouvement se continue toujours au mouvement rétrograde, la perte de temps est le résultat de la perte de comme pour les personnes.
ingénieur-hydrographe en chef au département de la marine.)

TENUE D'UN JOURNAL PARTICULIER.—Nous recommandons aux jeunes gens de tenir note exacte des événements, circonstances et renseignements intéressants qui se lient à leur profession.

Par exemple : lorsqu'un navire, dans le port ou à l'ancre dans le même lieu où leur bâtiment est mouillé, se prépare à changer un bas-mât, un beaupré, *sans aucun secours étranger*, les élèves feront bien de solliciter du lieutenant en pied la permission d'*aller examiner* les moyens employés pour remplacer la machine à mâter par des *apparaux* de circonstance; aussi, d'étudier le genre d'*appareil* mis en jeu pour manœuvrer le MAT, soit qu'on veuille *le* sortir de son *emplanture*, soit qu'on veuille l'y faire entrer.

NOTE DU TRADUCTEUR.—C'est en maintenant ainsi, et le plus
celle des autres, qu'on arrive à des découvertes, à des simpli-
pensé, sans l'occasion ou la nécessité, qui les enfante chez

Nous vivons dans le siècle de la science ; chaque jour nous
riel de la société. En reculer les bornes fut souvent l'effet du
des combinaisons imprévues, le génie n'attend pour se produire
au moins ; elle le fait jaillir d'où il gisait à l'état latent et
Mais rappelons-nous aussi que l'occasion eut toujours des ailes !

DE L'ÉLÈVE DE LA MARINE DANS LE PORT.— *Quand il est de quart.* — Il *est bon* d'exposer aux élèves, afin qu'ils s'en pénètrent, les conséquences *résultant* de l'accomplissement scrupuleux, ou de la négligence apportée à leurs devoirs. L'assiduité, l'empressement, la soigneuse vigilance, la bonne humeur, et, surtout, une

To KEEP A MEMORANDUM BOOK. — Young gentlemen are recommended to keep a memorandum book, and to note, from time to time, any striking circumstance or "practical hint" connected with professional pursuits.

Should any vessel in port, or at the same anchorage, be seen "preparing to shift" a *lower-mast* or bowsprit *by her own means*, midshipmen will do well to solicit permission of the senior lieutenant *to witness* the process of raising *sheers* (1), and of applying the necessary *purchase* to lift the SPAR in or out of the *step*.

(1) *See* "Raising Sheers."

fréquemment possible, son intelligence en communication avec
fications de procédés, auxquelles on n'eût, peut-être, jamais
ceux-là même qui y songeaient le moins.
l'apprécions davantage comme instrument du bien-être maté-
hasard; mais aussi, toujours une gloire. Dans le vaste champ
qu'une occasion. Si elle ne crée pas ce génie, elle le féconde
inerte. L'*occasion* a été plus d'une fois l'étincelle électrique.

IN PORT. — *Keeping watch.* — It *may not be amiss* to impress upon the midshipman's mind the contrasted results *brought about* by the judicious or injudicious execution of this duty. By cheerfulness, assiduity, alacrity, and care, the long-sought path to promotion has been frequently found; whilst sullenness, supineness,

bonne volonté de tous les instants, sont les plus sûrs garants d'un avancement certain, bien que quelquefois très-longtemps attendu; tandis que la mauvaise humeur, la nonchalance, l'inattention et la méfiance, en un mot, un caractère peu décidé, nous mènent rarement à autre chose qu'à la déconsidération, et finalement aboutissent à notre perte.

Que le navire soit en *armement* ou *armé*, sur les corps-morts, prêt à prendre la mer ou sur le point d'appareiller grande est la responsabilité qui *pèse* sur les élèves de quart. Le gaillard d'arrière ne doit jamais rester sans l'un d'eux; de plus, il n'est permis à aucun *élève* de s'en absenter, que le *remplaçant* ne soit rendu à son poste, et n'*en ait reçu* toutes les instructions *relatives au service qui lui est confié.* Par ce moyen, l'on saura toujours à qui s'en prendre en cas d'*accident fâcheux.*

Éviter tout bruit inutile. — On ne saurait apporter un soin trop scrupuleux à éviter le brouhaha qui fréquemment accompagne la transmission des ordres éventuels fort nombreux, tels que : *faire passer sur le bord*, *armer un canot*, etc. Les voix rauques ou glapissantes criant à tue-tête sur un *timbre aigu*, nuisent singulièrement à la célérité de l'exécution, et ne présentent qu'un tableau de désordre. « *Faites déborder le grand canot! Contre-maître*,

neglect, and *mistrust*, lead rarely to any other road but that of degradation or ruin.

Whether the ship be *fitting* or *fitted*, moored in port, prepared for sea, or under sailing orders, considerable charge *devolves* upon the midshipmen composing the watch.

The quarter-deck is never to be left without a midshipman, nor are *gentlemen* to resign their charge till each individual "*relief*" is in *full possession* of *his trust*. By this precaution the precise period of *mishap* can never be disputed.

AVOID UNNECESSARY NOISE. — In the execution of the various duties incidental to the quarter-deck, such as conveying orders, *calling side-boys*, *manning boats*, etc., unnecessary noise should be ever avoided. Hoarse bawlings, and *shrill screams*, more frequently tend to impede than to promote despatch, and certainly indicate any thing rather than a ship in an orderly state. "*Pipe* the *cutters away!* Boatswain's mate! — *You*, boatswain's mate! *Where's* the *boatswain's*

allons donc! Vous, là-bas, contre-maître, allons donc! Où donc est le contre-maître de quart? — Oh! D'EN BAS! *faites passer la voix* pour le contre-maître de quart!

De pareilles vociférations peuvent bien accuser une grande puissance de poumons, mais tout cela sied fort peu à la dignité de l'officier jaloux de mériter ce titre (1), et de se faire obéir promptement.

Dans un navire bien commandé, les *novices* preposés à passer sur le bord (pour tendre les tire-veilles) sont toujours *sous la main;* le contre-maître *de service* (du *jour* ou de *semaine*) est également à portée de l'élève de quart.

ENCOMBREMENT INUTILE DES HOMMES RÉQUIS POUR UN SERVICE QUELCONQUE, MAIS SURTOUT SECONDAIRE. — La plus grande confusion résulte toujours du surcroît d'hommes demandés sans indication de nombre. Cette coutume vicieuse est tellement répandue, que nous avons dû la signaler. — Veut-on faire simplement balayer le pont, ou lover une manœuvre isolée;

☞ (1) « Ce qu'il y a de plus singulier et de plus déplorable, » dit l'auteur, « c'est qu'à bord des vaisseaux de ligne de S. M. Britannique, là où il serait tout à la fois si facile et si important d'obtenir le silence, c'est là même que l'on se laisse aller davantage à ces habitudes bruyantes qui n'amènent que confusion dans l'exécution des ordres les plus simples et les plus fréquents, auxquels on fait ici allusion.

NOTE DU TRADUCTEUR. — Cet auteur s'exprimait ainsi, même en 1836.

mate? Pass the word there BELOW for the boatswain's mate (1)".

Such loud bellowings, and privateer shouts, may manifest pulmonary power; but he who aspires to the appellation of an officer, or desires to procure a ready and prompt obedience, will save his lungs, and certainly pursue a more dig-gnified and silent system.

In well-regulated ships, "*side boys*" are ready at hand, and the *day*, or *deck*, boatswain's mate is kept within the beck of the mate or midshipman of the watch.

INDISCRIMINATE CALLS. — The thoughtless and indiscriminate practice of calling many hands to perform duties of a trivial nature, has become too prevalent in the service to pass unnoticed. If only to sweep down a deck, or coil-up a solitary rope, the immediate cry is "AFTERGUARD and main-topmen, aft!" What is then the result? — twenty or thirty men, perhaps more,

☞ (1) It is a singular fact, that ships of the line, where so much of facility is afforded to instil and pursue a system of silence, are invariably the most noisy in the execution of those duties alluded to in the text.

on entend aussitôt le cri de : « Avance les gabiers de grand-hune! Avance les hommes de corvée du gaillard d'arrière! » Qu'en résulte-t-il? Vingt ou trente hommes, peut-être un plus grand nombre, escaladent les échelles du grand panneau ou des passe-avants, pour être aussitôt renvoyés *en bas*, et puis s'entendre dire qu'il y a en bien assez de *deux*. De semblables appels faits sans nécessité nuisent à la célérité de l'exécution, et, qui plus est, mécontentent l'équipage. «Les hommes, » dit le capitaine de vaisseau Griffiths, » sont si fréquemment dérangés sans sujet, que, lorsqu'on en a réellement besoin, ils ne se présentent plus, et s'attirent des désagréments; c'est exactement la fable du *berger* criant : *Au loup!*

Nous conseillons donc, autant pour éviter l'encombrement et le bruit qui s'ensuit, que par mesure d'ordre, de désigner à tour de rôle, et chaque jour, deux hommes de chaque escouade, pour exécuter les légers travaux de balayage et lovage de manœuvres.

Ordres a copier. — Chaque fois que, par un signal, on appelle à l'ordre un élève, celui qui est de corvée devra se présenter en uniforme et l'épée au côté. Il emporte avec lui le registre des ordres, se munit d'une bonne plume, afin de transcrire l'ordre lisiblement; l'opération consommée, il fera toute diligence pour revenir à son bord.

ascend the ladders, to be sent *down* again, and to be told that *two*, forsooth, are only required. Such inconsiderate calls only tend to produce dilatory movement, and unwillingness to work. "Men," says an officer of rank (1), "are so frequently called when not required, that when they really are, they doubt, do not come, and incur displeasure. Precisely the *boy* and the *wolf* in the fable."

Hint. — To prevent noise, and produce something of system, two men from each department in the watch may daily, in turn, be made to perform the lighter duties of sweeping the decks, and the occasional coiling of the running ropes.

Copying orders. — Whenever the signal is made for a midshipman, the gentleman who proceeds to "answer it" should appear neatly attired in his proper uniform, side-arms, etc. He should carry with him the ship's "order-book," a good pen in his pocket, and use every exertion to return to his ship with due despatch.

(1) Captain J. A. Griffiths, R. N.

Prévoyant le cas où les ordres à copier exigeraient beaucoup de temps, et, néanmoins, ne se rattacheraient pas à des objets d'une importance majeure, l'élève aura soin, avant de *quitter le bord*, de demander à l'officier de quart si le canot doit l'*attendre* ou non, cette embarcation pouvant être utile ailleurs pour quelque service pressé.

Ridage des haubans. — Peu de gens peuvent expliquer pourquoi, dans cette opération, les marins de toutes les nations (les Hollandais excepté) adoptent exclusivement la même méthode. Les plus expérimentés praticiens auxquels on pose cette question sont souvent bien embarrassés de répondre. Les uns vous diront que c'est à cause de la *disposition des torons;* d'autres, parce que le hauban est commis en *forme* d'*haussière*, *câble;* ceux-ci, que cela dépend du bord du navire auquel appartient le hauban. Mais, ainsi que l'observe judicieusement le capitaine Griffiths, « que feront ces marins, si, recevant l'ordre de « rider dans les hauts, ils ne retrouvent plus les « nœuds ou marques indiquant sur le *cap* de « *mouton* à quel côté du vaisseau (*tribord* ou *bâ-* « *bord*) ces haubans appartiennent? » La véritable raison en est donc la nécessité d'opérer la tension le plus possible dans une direction parallèle au *dormant* du hauban. C'est pour cela

Should the orders to be copied be likely to occupy considerable time, and be not altogether a matter of moment, the midshipman, previously to (1) *shoving off* from the ship, should always ascertain from the commanding officer, whether the boat is to *await* his attendance. The boat's services may be required for duties of a more urgent and pressing nature.

Reeving laniards and setting up the rigging. — Few people are prepared to assign the reason why, in reeving the laniard of the shroud, the mariner adopts one universal mode. The best seamen, if asked, are sometimes puzzled to reply. Some will attribute the cause to *the lay of* the rope; speak of the *hawser-laid rope*, and the cable-laid rope, and the *side* of the ship to which the shroud pertains. But, as Captain Griffiths *shrewdly* observes, what will such seamen "do, if they be ordered to reeve the laniard in the rigging-loft, and that the knots, or marks at the *eye* of the shroud, be off, so that they cannot tell which *side* it is for?" The fact is, the reason is referrible to the necessity of bringing the *strain*, in setting-up, on the *standing-part* of the shroud. The *knot* of the laniard should be *rove* in the hole of the *dead-eye* under the *end* of the shroud. If *rove* the other way, through the hole in the dead-eye *under* the

(1) Ellipse de *the act of*.

que le nœud de la *ride* doit être placé dans l'œil du *cap* de *mouton* qui est sous la partie inférieure du hauban. Dans le cas contraire, c'est-à-dire si le nœud était placé dans l'œil du cap de mouton faisant dormant, le *courant* de la ride formerait, en remontant, un angle beaucoup trop ouvert, se croiserait sur l'amarrage, lequel supporterait seul l'effort de la tension, et forcerait le cap de mouton à obliquer dans un mauvais sens; en d'autres termes, tout l'effort, ainsi qu'il a été dit plus haut, se portant sur l'amarrage, le hauban pivoterait, et ses deux troncs ne seraient plus dans un même plan incliné posé comme à plat, appliqué au corps du navire, ainsi que l'exige à la fois le coup d'œil et la régularité. C'est ce que l'auteur anglais entend par ces mots : *the dead-eye will remain on the* WRONG SLEW.

SERRER LES VOILES. — En quelque lieu du gréement (sur le collier d'un étai, ou sur le *chouquet*) que se trouve l'élève au moment où cette manœuvre est ordonnée, il devra s'efforcer d'être le premier rendu à son poste. Il ne doit pas rester immobile dans la *hune* ou sur le *chouq*, à faire, comme un vrai perroquet, retentir l'air de paroles insignifiantes; on entend toujours assez de bruit inutile, *en haut*, sans que l'élève vienne l'augmenter. L'officier qui veut obtenir le *silence*, doit prêcher d'exemple. Là, les fonctions de l'élève sont de maintenir

standing part of the shroud, the strain in setting-up will fall upon the *seizing*, and the dead-eye will remain on the wrong *slew*.

Furling sails. — Should he be stationed aloft, whether between the collar of a stay, or on the *top of a cap*, he will, whenever the hands are turned up to furl sails, exert every endeavour to be, if possible, the first individual to reach his post. He is not to stand *stationary* on the *top*, nor to remain perched like a parrot on the *cap*, reiterating senseless sounds. Too much of unnecessary noise is heard *aloft*, without the midshipman swelling the clamour. To prevent, or prohibit noise, an officer must be in himself an example of *silence*. The top-midshipman is

le bon ordre, d'empêcher les causeries quand on monte les enfléchures, ou qu'on se distribue sur les vergues. Il veillera à ce que les hommes placés à l'empointure ne négligent aucun des détails importants et minutieux de leur besogne; surtout, à ce que la toile soit *hâlée à joindre;* à ce que la bande de chaque ris soit *amenée carrément* le long, et bien relevée d'aplomb sur l'avant de la vergue, avant de laisser amarrer aucun des rabans de têtière ou autres; puis, ensuite, à ce que les *grands rabans* soient *souqués* au mieux possible. Arrivé à la partie de cette opération, où, après avoir HALÉ DEDANS la portion inférieure des *ralingues de chute*, on *ramasse* le fond de la voile pour en former le *chapeau*, l'élève doit, alors, quitter le chouquet et venir prendre poste sur l'avant de la hune, afin de s'assurer du bien *ramassé* de la toile et du solide croisement des *grands rabans de ferlage;* il fait aussitôt après baisser les *bouts-dehors*, puis expédier en bas une partie de son monde pour aider à brasser carré.

BON A IMITER. — A bord des vaisseaux habitués à manœuvrer en silence, la méthode de larguer les manœuvres *à la muette*, est une garantie de célérité. Deux ou trois *petites secousses* imprimées, d'*en haut*, à chaque cordage, suffiront mieux pour le faire parer ou agir en bas, que cinquante appels de voix confuses et dis-

therefore required to preserve order, to prevent chattering when ascending the rigging, or lying out on the yards; to see that the earing-men *haul close out*, properly pass, and secure their respective earings; that the reef-band of each succeeding reef *be kept square* along, and brought well on the top of the yard, before a single point be tied; that then the *after-legs* be hauled well *taut*; that when the *leech* be HANDING-IN, and the canvass be *gathering* into fold and form for *tossing-up*, the midshipman descend from the cap to the forepart of the top, to superintend the *skinning* of the sail, and passing of the *gaskets;* and that immediately the *booms* be lowered, one *watch* be sent down on deck to assist in squaring the yards.

HINT. — In ships that preserve silence, the *mute* mode of letting go ropes is found to be most productive of despatch. Two or three TELL-TALE SHAKES of a rope from *aloft* will succeed sooner in having it disengaged on deck, than fifty hoarse and indistinct *hails*. Moreover, the officer stationed on the *gangway*, or bow-

cordantes. D'ailleurs, l'officier placé sur le *passe-avant* ou le beaupré peut toujours apprécier l'instant opportun, soit de peser sur les palanquins de ris, soit de mollir les cargue-fonds.

Brasser les vergues carré. — Ici, où presque tout repose sur l'oreille et les yeux, on reproche aux élèves leur manque d'activité, et surtout de méthode, dans leur manière de procéder. La première précaution à prendre est de faire *peser sur les garants* de *palans* de *drosse* des basses vergues, afin d'amener celles-ci à joindre de leurs mâts; après quoi, pesez sur les bras, et finalement sur les *balancines.* En même temps qu'on s'occupe de cette dernière opération, il ne faut pas négliger de disposer du monde sur les bras des vergues plus légères et plus haut placées.

Attention, surtout, à hisser les vergues des *huniers* de six à sept pouces *au-dessus* du *chouq*, avant de les brasser carré.

Larguer les voiles. — Cette opération réclame toujours la présence des élèves, qui doivent se porter rapidement chacun à son poste, aussitôt le commandement articulé. C'est sur eux que l'officier de quart se *repose*, pour s'assurer que les hommes du *gui*, des voiles d'étai, des *boulines*, *cargue-fonds*, et les *gabiers* (dits *largueurs*), en général, sont, eux aussi, tous à leur poste. Aucune *corne* ou *bout-dehors* ne doit être

sprit, can always see the precise period to "*overhaul the reef-tackles,*" and let go the bunt-lines.

SQUARING YARDS. — In the execution of this service, where so much depends upon the ear and the eye, midshipmen manifest little of quickness, and less of method, in the process that should be pursued. In the first instance, the lower-yard must be *trussed close* to the mast, then squared by the braces, and subsequently by the *lifts*. Pending the operation of topping on the lifts, care must be taken that hands attend the braces of the lighter and loftier yards.

Previously to squaring the *topsail*-yards, they are to be hoisted six or eight inches *off the cap.*

LOOSING SAILS. — In loosing sails, an early ascent of the midshipman becomes indispensable, for to him *will* the commanding-officer *look*, that the *boom* and stay-sail *tracing-line-*men, bowline-benders, bunt and yard-arm-*loosers* be all in their *respective stations;* nor must *boom* be raised, or movement made, till the word — "*Trice*-up! — *lie-out!*" be given. The loosers should be then nimble in *casting-off*

dérangée, aucun mouvement fait, avant le commandement de : *Monte en double ! Gabiers ! Sur les vergues!* Alors, les hommes chargés de laisser tomber la voile, largueront lestement les garcettes, ayant soin de la soutenir tous ensemble dans leurs bras, jusqu'à ce que l'ordre : « *Laisse tomber !* » se soit fait entendre. Les élèves doivent encore veiller à ce que les gabiers dégagent habilement les *empointures* de leurs rabans respectifs, et que ceux d'entre ceux-ci qui sont appostés aux PALANQUINS de ris, les *pèsent* convenablement, avant de regagner la hune. L'élève placé au mât de misaine épiera le moment opportun pour faire *hisser* les voiles d'étai, veillant à ce qu'elles le soient à JOINDRE, et bien à l'EXTRÉMITÉ de la draille.

METTRE LES PERROQUETS EN CROIX. — Empêcher toute espèce de bruit, soit de *chants adaptés à la circonstance*, soit produit par cette habitude d'avertissements anticipés et inutiles, tels que : « *Hisse à courir ! Tiens bon là !* » Tel est encore le devoir de l'élève envoyé dans la hune. Le matelot uniquement occupé de sa besogne doit avoir bouche close (1). Les officiers qui se trou-

(1) « De nos jours, » dit l'auteur, « et particulièrement à bord des vaisseaux de *ligne* de Sa Majesté britannique, le *brouhaha* surpasse même le *tapage* ridicule dans lequel les matelots espagnols, portugais et napolitains semblent se délecter. Nous ne connaissons pas de meilleur remède pour acclimater le *silence* que celui-ci : « Tous ceux qui s'obstinent à abuser de leurs poumons à bord, privez-les d'exercer leurs jambes à terre. »

their gaskets; but care must be taken that the sail be properly supported in their arms until the order "Let fall" be heard. The points and *earings* of the several reefs, the topmen will rapidly disengage from the yard, and the earingmen will *overhaul* the *reef-tackles* before they lie in and return to the top. The midshipman in the fore-top must be on the alert to *trace*-UP the stay-sails between the masts.

CROSSING TOP-GALLANT YARDS. — The midshipman stationed in the tops should be particularly careful that there be no "*singing-out*" aloft, and that those unnecessary words "*sway away*" and "*high enough*" be never allowed to escape the lips of the topmen (1). The officers stationed at the yard-ropes on deck, together with the *boatswain* and his *mates* appointed to look out

(1) The *noise* now-a-days heard aloft in some of our ships, particularly those of the *line*, even surpasses the senseless shouts in which Spanish, Portuguese, and Neapolitan seamen delight to indulge. No better remedy for this evil will be found than the following one under the heads of "Preservation of Silence" and "Let those who exercise their *lungs* afloat, be seldom permitted to exercise their *legs* ashore," in the Chapter dedicated to the Senior Lieutenant.

vent de service sur les gaillards, le *maître* et les *quartier-maîtres*, tous à portée des garants des cordages correspondant à leurs vergues respectives, et tous là pour s'en occuper, suffisent pour parer à tous les besoins du mouvement qui s'opère dans les hunes et sur les vergues. Les *hommes* dans la hune ne doivent pas perdre de vue la *balancine* de la basse vergue, quand le perroquet monte, mais embraquer le mou de cette balancine et l'affaler au fur et à mesure. Faute de cette précaution, il arrive neuf fois sur dix que la basse vergue subira quelque dérangement dans son parallélisme ou dans son dressement. De plus, l'élève, de la hune, devrait faire sur la longueur même de la balancine des marques particulières sur la partie du cordage qui descend, à l'inspection desquelles il pût conclure que la vergue est en croix.

Commandement des embarcations en corvée. — Que l'élève soit envoyé en *corvée* à terre, ou à bord d'un autre navire, il doit, autant que possible, ne jamais *perdre* son propre vaisseau *de vue*, et, dans ce but, il *aura soin d'avoir* constamment un canotier en *vigie*. Par ce moyen, le signal *de rappel à bord* sera aussitôt aperçu que fait, et les bâtiments n'auront pas la honte d'afficher, d'une *manière* aussi *scandaleuse*, le manque absolu de discipline (1).

(1) Il est honteux de le dire : Que de fois n'avons-nous pas

aloft, can always see the movements of the men rigging the upper and lower yard-arms. The *hands* in the top must keep their eyes on the lower *lift*, and take the slack of it down as the yard ascends. In nine cases out of ten, the lower-yard-arm *becomes "unrigged"* from inattention to this particular.

The midshipman of the top should get his " square marks " on the lifts down, as soon as the yard is across.

CHARGE OF BOATS. — When employed on boat-service, whether in the *performance of duty* on shore, despatched from the ship, or alongside of another vessel, a *watchful* eye is required to be kept on his own ship. The midshipman in command of the boat *will depute* one of the crew *to perform this necessary duty*. By this precaution signals of "*recall*" will be instantly seen, and ships spared the shame of proclaiming, *in broad bunting*, their own insubordinate state (1).

(1) How frequently, during a four hours' watch, have ships

SE RESPECTER VIS-A-VIS DE L'ÉQUIPAGE DE L'EMBARCATION QUE L'ON COMMANDE. — Rien n'est plus nuisible au succès d'une mission quelconque, que de la savoir confiée à qui ne tient pas son RANG, dans la stricte acception du mot. Évitez donc la familiarité, ne *vexez* personne, et surtout abstenez-vous d'épithètes grossières et insultantes.

Si, par des motifs de louable prudence, ou par suite des connaissances pratiques d'un port, le *patron* du canot vous présente une observation qu'il croit utile, gardez-vous de cette réponse par trop usitée : « *Vous donnerez votre avis quand on vous le demandera.* » Que vous adoptiez ou non l'idée qu'on vous suggère dans une bonne intention, accueillez-la sans hauteur ni dédain, de crainte d'engendrer le découragement. Des réponses *sèches* et *mortifiantes* provoquent à des réponses équivalentes; le mépris vient à leur suite. Recevez donc les avis de vos subordonnés, de manière à entretenir leur *zèle*, sans, néanmoins, compromettre le respect qu'ils vous doivent.

CANOTS EN ATTENTE, LE LONG DU BORD DES AUTRES NAVIRES. — On doit interdire aux canotiers

vu, pendant tout un quart de quatre heures, des navires mouillés à Spit-Head, avoir pavillon hollandais au grand mât, pavillon français au mât de misaine; et pourquoi? pour rappeler un *lambin* d'élève, dans une misérable *poste aux choux.*

CONDUCT TO BOAT'S CREWS.—When in charge of a boat, the midshipman is enjoined to preserve his *station;* to avoid familiarity with the men, or *overbearing demeanour,* and, above all, the application of vulgar and abusive epithets.

If from praise-worthy motives of precaution, or from superior knowledge of the localities of a port, a suggestion be respectfully offered by the *coxswain,* the too prevalent reply of "*Wait till your opinion is asked,*" is not to be returned. Whether rejected or not, well-intended suggestions are not to be discouragingly nor haughtily treated. *Pert* replies provoke pert rejoinders, and insolent and contemptuous language invariably follows. Suggestions of inferiors may be treated in a manner to ensure *good will,* and at once to preserve and command personal respect.

BOATS ALONGSIDE OTHER SHIPS.—Boats' crews are not to be permitted to *peep* through the

been seen at Spit-Head with Dutch ensigns at the main, French at the fore, or Spanish at the mizen; and for what purpose? to recall a *lazy mid* in a *paltry jolly-boat.*

de chercher à regarder par les sabords ce qui se passe à bord des navires le long desquels ils se trouvent; réprimer toute conversation licencieuse, toute comparaison ou critique sur la discipline du bâtiment, voire même sur la *manière dont* son équipage *est traité*. Si un avertissement amical manque son effet, l'élève qui commande le canot ordonne alors de pousser au large, et fait nager à quelque distance du bord; puis, de retour à son bord, il fait son rapport en conséquence.

CORVÉES AUX VIVRES ET A L'EAU. — Pendant ce service, ou tout autre du même genre, l'élève ne doit jamais *s'en remettre* au *patron*, soit pour l'accomplissement de la mission, soit pour la *direction* à *donner* à l'équipage du canot qui doit l'exécuter, à moins d'une nécessité absolue. L'habitude trop ordinaire de quitter son embarcation *pour aller* à bord de quelque autre bâtiment, ne peut manquer d'attirer *de grands désagréments* à celui qui viole ainsi sa consigne. Il ne se présente déjà que trop d'occasions, qui, bien que moins attentatoires à la discipline, et moins nuisibles à la célérité du service que celle-ci ne l'est, suffisent pour étendre le cercle de nos connaissances en dissipation, comme aussi (à riboter) *pour la cantine*. Il convient encore moins d'aggraver sa faute, en pareille circons-

ports; to indulge, when alongside of other vessels, in *loose* language; to draw comparisons, or to descant upon the "*usage*" or discipline of other ships. Should mild remonstrance be vain, the midshipman in charge should direct the boat to shove off from the ship's side, keep the crew at some distance on their oars, and immediately, on returning to his ship, report officially the names of the parties offending.

TRANSPORTING PROVISIONS AND WATER.—In the execution of these and similar duties, the midshipman is never to *resign his charge,* nor, without absolute necessity, *delegate to the coxswain* of the boat *superintendence of duty.* The too customary practice of deserting the boat *for* the deck of a stranger, is sure *to bring "trouble"* on the head of the *defaulter.* Opportunities less subversive of discipline, or less detrimental to despatch, offer frequently enough to increase acquaintance or decrease the *cockpit decanter.* Nor are deck discussions, touching the relative merits in *sailing, reefing* or *furling,* at all desirable on these occasions. Unless midshipmen remain in their boats, crews alongside become

tance, par des discussions sur ce qui touche à la *marche du navire*, à la *manière* plus ou moins expéditive d'y *prendre les ris*, ou de *serrer les voiles*. A moins que l'élève ne reste dans son embarcation, les hommes qui la montent deviennent ingouvernables, y font un vacarme épouvantable, et finissent assez souvent par se battre pour savoir *à qui aura la meilleure* place (1).

FAIRE SON EAU A TERRE (2). — Avant de quitter le bord, l'élève, ou le maître qui commande l'em-

(1) Soit à bord du canot pour voir ce qui se passe, soit ailleurs.

(2) « Dans les pays chauds, » observe le capitaine Griffiths, « les matelots qui sont à faire de l'eau, sont si peu prévoyants et trouvent tant de plaisir à cette espèce de bain improvisé, que tant que dure l'opération, ils se délectent à *patauger* dans l'eau, quelquefois tout un jour. Dans le courant de la besogne ils en sortent fréquemment; mais à peine leurs vêtements sont-ils séchés à la grande ardeur du soleil, qu'ils y rentrent aussitôt. Or, l'eau étant salée, le liquide seul s'évapore et le sel reste sur la peau dont il intercepte les pores, ainsi que chacun de nous a pu s'en apercevoir. Il en résulte donc de graves inconvénients pour la santé, rien n'étant plus malsain que de laisser sécher sur soi des vêtements aussi fortement imbibés. En conséquence on ne devrait jamais souffrir que les hommes restassent dans l'eau au delà du besoin du service ; et, pour peu que la corvée doive être longue, il faut absolument exiger que les matelots emportent un *rechange* avec eux. Si la circonstance le permet, il sera encore mieux de faire relever la corvée par des hommes frais, tremper ensuite les vêtements salés dans l'eau *douce*, les bien rincer et tordre, puis les faire sécher. Une tente est souvent très-utile. »

restive and riotous, and not unfrequently fight for *priority of place.*

Watering the ship from the shore (1).—On these occasions, the midshipman, or mate in

(1) " In hot climates," observes Captain Griffiths, " seamen watering are so thoughtless, and feel such pleasure while in the water, that they are *paddling* in and out while watering sometimes all day. They come out of the water with their frocks and trowsers wet; the immense power of the sun dries, or partially dries, their dress, and in they go again. Being salt water, the evaporation leaves the salt, stopping up all the pores, as we have all often felt. Thus there is injury from being too long in the water, and from their clothes drying on them * * * The men should never be allowed to go into the water when on this duty unnecessarily, nor kept, nor *permitted* to stay longer than is indispensable. *Dry frocks and dry trowsers* for the boat's crew should always be sent. The party of necessity *in* the water should be *frequently* relieved, and these dry things put on, their wet ones soaked in *fresh* water, wrung, and dried. In such climates they will be ready for them to put on by the time their turn has again finished. A *tent* is often serviceable."

barcation, devra s'assurer qu'elle est pourvue des objets suivants : de sceaux en bois en toile goudronnée, de manches, de bondes et toile à bonde, d'outils de tonnelier, d'une chèvre, d'un syphon, de grappins et de câblots, d'une croupière pour s'embosser, enfin, de palans pour débarquer et rembarquer les pièces à eau dans le cas où il y aurait impossibilité de les emplir à l'aide de la manche sans les débarquer. Par mesure de précaution, et comme moyen de célérité, les pièces devront avoir été élinguées avant l'embarquement. S'il devenait inévitable de rouler lesdites pièces sur des rochers, des galets, des terrains rocailleux, ou des sables mouvants, on économisera beaucoup de temps en employant des espars disposés en forme de *poulain*, sur lesquels on les fera passer; les espars les plus courts conviendront pour le roc; les longs, pour le sable. On ne négligera pas de rinser les barriques avant de les remplir, surtout si elles ont longtemps demeuré vides. Cette précaution est encore plus nécessaire dans les pays chauds, où elles contractent un goût de fût, de moisi et d'aigre.

Embarcations sous voiles. — Ayez soin que les *drisses* soient convenablement lovées et prêtes à filer; que les *écoutes* ne soient pas *amarrées*

charge of the boat, should, previously to shoving off from the ship, see the following articles placed in the boat : — wooden and canvass buckets, hoses, bungs and bung-cloth, cooper's tools, *triangle* and *tub*, grapnels and ropes, *stern-fast*, and tackles to hoist in with, if unable to fill by the hose. " Casks in the boat should be ready *slung*. If it be required to roll the casks over rocks, *shingle*, or deep sand, much time will be saved by pieces of spars for '*ways*' to roll on. If rocky, use short pieces; if otherwise, long ones. Always rinse out the casks, because, if they have been long empty, and particularly in hot climates, they turn mouldy and sour (1)."

BOATS UNDER SAIL.—Care should be taken that the *haliards* be coiled up *clear for running*; that the *sheets* be *not belayed*; and that the

(1) Griffith's " Practical Hints."

au taquet, et que vos matelots, lorsque dans un grain on diminue de voiles, ne changent pas de place, ou, comme cela se voit fréquemment, ne montent pas sur le *traversier* (banc sur lequel s'appuie le mât), pour rentrer la toile au moment où elle fasseye. Lorsque vous amenez un *taille-vent* ou une *voile latine*, pesez seulement sur la ralingue du vent de la misaine; celle du taille-vent placé sur l'arrière vient mieux quand on ne la touche pas. Veillez à ce que le patron ne laisse pas aller sa barre, ce qui a lieu souvent par inadvertance, quelquefois pour assujettir le *pied* du *tape-cul*, ou pour *embraquer* une écoute (la border plus plat) de l'arrière. Cette imprudence expose l'embarcation à lancer dans le vent et conséquemment à masquer. Les voiles, alors, deviennent difficiles à amener (1), et finalement, les embarcations sont jetées dans une *bande périlleuse* qui peut les faire chavirer au vent.

(1) L'auteur, dans sa jeunesse, chavira dans une circonstance exactement semblable. Il montait un des canots du Barfleur, et se trouvait sur le récif connu sous le nom de Plymouth Bridge, avant même qu'on eût eu l'idée de construire le fameux môle de sud (Breakwater), qui fait aujourd'hui de Plymouth une des rades les plus sûres et des mieux abritées. Le vent soufflait avec violence; les navires dans le Sound (le bassin du bon mouillage) avaient tous leurs basses vergues amenées et leurs mâts de hune calés. L'embarcation était un canot à voile, armé de six avirons, portant une espèce de tape-cul en guise de misaine, et pour grande voile une misaine dont tous les ris étaient pris. Sous cette voilure le canot s'était comporté admirablement bien,

crew, in shortening sail *to a squall*, do not shift their seats, or, as is too common a custom, stand *up* on the *thawts* to gather-in the shaking sail. In lowering a *lug* or *lateen sail*, haul down alone on the *luff* (the fore *leach*) ; the after one were better left untouched. Coxswains should be also cautioned of the danger of *letting go the helm* (1). This is often inadvertently done ; sometimes to secure the *heel* of the *bumkin*, or to *get a pull* of the main or mizen-sheet. By this thoughtless practice, boats are liable *to fly up in the wind*, the sails to be taken aback, to be difficult to lower, and eventually to *cant* over, and "capsize" to windward.

(1) The author, when a youngster, was in this manner capsized, in one of the Barfleur's boats, on "Plymouth Bridge," before the Breakwater was even contemplated. It blew a heavy gale from the southward ; the ships in the Sound had lower yards and top-masts struck. The boat was a six-oared cutter, carrying a mizen forward, set as a foresail, and a close-reefed foresail abaft, set as a mainsail. Under this sail, the cutter had behaved inimitably well, and had just succeeded in crossing the most dangerous part of the reef, when the coxswain, to get a *pull* of the main sheet, *let go the helm*, and the boat, *flying up*

Salut militaire obligé dû aux officiers supérieurs en grade au commandant d'une embarcation. — Quand deux embarcations se rencontrent dans le port, en rade ou à la mer, celle dont l'officier est inférieur en grade doit le salut à l'autre. Ce salut se fait de deux manières : à la voile, en saluant du chapeau; alors les canotiers imitent simultanément le mouvement de leur officier; à l'aviron : alors l'officier ou l'élève seul salue du chapeau, en même temps qu'il commande à ses canotiers : « Lève rames ! *Pelle en haut !* » Si l'officier qu'on salue n'est pas au moins capitaine de corvette : « Avirons à plat (*oars !* ou *lay flat on your oars*). »

Canots arrivant a bord, ayant vent et marée de bout. — Dès qu'on aperçoit une embarcation, *luttant contre vent et marée*, arriver dans les *eaux* de son bâtiment, on doit en instruire l'officier de quart, qui fait affaler à poupe une *bouée* sur laquelle est attachée une *touline*,

et était parvenu à franchir la plus dangereuse partie du banc ; lorsque le patron, afin de hâler sur la toile du taille-vent, quitta la barre de son gouvernail; alors, le canot, *venant au vent brusquement, masqua,* et chavira avant qu'on eût le temps d'amener les voiles.

Cet accident arriva au coucher du soleil, vers la mi-novembre. Le maître d'hôtel du capitaine fut noyé, et une quantité considérable d'effets précieux appartenant à l'amiral Martin (sir George Martin) perdue. L'équipage du canot du Barfleur resta plus de cinquante minutes dans l'eau, avant que les bâtiments de la rade pussent leur porter secours.

Salute superior officer.—When pulling, and passing a boat in which a superior officer may be seen seated, the midshipman should move his hat from his head, at the same time directing the boat's crew to *toss up* their oars in token of salute. If under sail, the boat's crew are to be directed to lift their hats, taking the time from the gentleman in charge of the boat.

Boats pulling on a lee-tide.—When boats, on a *lee-tide*, are seen pulling in the *wake* of the ship, the circumstance is to be reported to the officer-of-the-watch, who will direct a *buoy* and *towline* to be veered to their aid astern.

The midshipman-of-the-watch will be required

in the wind, and becoming *aback*, capsized over to windward before there was time afforded to lower the sails.

The accident occurred at *sunset* in the middle of the month of November. The captain's steward was drowned, and considerable property, belonging to the present Admiral Sir George Martin, was lost. The Barfleur's boat's crew were upwards of fifty minutes in the water, in consequence of the delay and difficulty in receiving assistance from the ships in the Sound.

au moyen de laquelle le canot peut se touer à bord. Il est entendu que, de son côté, l'élève de quart tient tout prêts, sur les *passe-avants*, des *hommes de garde* pour le canot arrivant, afin de faire relever les *canotiers de garde* mouillés et fatigués, aussitôt qu'ils seront le long du bord.

Canotiers en corvée, ne se trouvant point a bord du navire a l'heure du repas. — Si les exigences du service ou une circonstance imprévue éloignent du navire, pendant l'heure du repas, une ou plusieurs des embarcations, alors il est du devoir du maître de quart d'envoyer au coq, ou au maître de service de la batterie, la liste des gens absents, afin que leurs vivres soient tenus chauds, et leur ration de spiritueux mise à part. Par le même motif, si ces hommes n'étaient pas rentrés au coup de sifflet de *Bas-les-branles!* leurs hamacs seront soigneusement descendus et tendus à la place ou au poste respectif de chacun. Cette manière détestable de crier : « Envoyez sur le pont (1) les hommes *du* « *plat* de Pierre ou de Jacques, pour descendre « son hamac! » ne doit pas se tolérer. Rien n'est plus mauvais, et ne sent davantage les *habitudes corsairiennes* ; de plus, cela produit plus de

(1) Lorsqu'il était encore d'usage d'employer comme punition l'*envoie en vigie* à la tète du mât, l'auteur a fréquemment vu ces infractions à une bonne discipline punies d'une faction sur les barres de perroquet.

to have in readiness on the *gangway* "*fresh boat-keepers*," to relieve the wet and fatigued *bowmen* the moment the boat arrives alongside.

Boats' crews absent at meals. — Should pressing duties or unforeseen occurrences occasion, during meal-times, the absence of any of the boats from the ship, the mate-of-the-watch should send to the cook and mate-of-the-lower-deck a list of such absent people, in order that their victuals may be kept warm and their *grog* be put apart from the *mess allowance*. And should boats be away from the ship after the time appointed for "piping down" hammocks, those pertaining to the absent men are to be carefully taken below, and *hung* in their *proper berths*. The inconsiderate cry of "*Send up* Jackson's or Johnson's *messmates* to take down his hammock," should never be ressorted to. The custom is manifestly bad, inasmuch as such *privateer-like shouts* always produce "more noise (1) than work." Moreover, upon such occasions "every body's business is *no*

(1) When the punishment of "*mast-heading*" was preserved in the penal code, the author served in ships where these indiscriminate cries were invariably followed by a trip to the *cross-trees*.

bruit que de besogne, par la raison évidente que ce qui est laissé au soin de *tout le monde*, finit par n'être exécuté par *personne*. Il convient donc de désigner nominativement les hommes affectés à cette tâche.

Donner une amarre a une embarcation. — Lorsqu'ayant *vent* et *marée debout*, ou par une grosse mer, une embarcation a besoin d'une amarre pour accoster, il faut avoir soin de la lui lancer de la partie le plus en avant possible du bâtiment. La position des porte-haubans de misaine est encore trop de l'arrière, et ne donne pas assez de *latitude*. Il est beaucoup plus avantageux de la présenter de dessus le bossoir, en l'y soutenant au moyen d'un bout de *filin volant*, passé au-dessus de l'ancre de veille. Dès que le brigadier a saisi l'amarre, on file ce même bout de filin, et l'embarcation se hâle d'autant plus facilement, que l'amarre offre une plus grande longueur.

Précaution a prendre. — Ce n'est point à la boucle qui est rivée sur un des bancs de l'avant du canot qu'il faut fixer l'amarre. Cette boucle ne doit servir que de passage et de *conductrice* à celle du fond sur l'arrière du canot, l'une de celles sur lesquelles se croche une patte de l'élingue employée pour le hisser à bord.

Où il convient le mieux d'amarrer les embarcations. — Une embarcation n'est jamais

body's business." People should be especially appointed for this purpose.—*See* "FIRST LIEUTENANT," under the head of "*Stationing*."

BOAT—GIVING A ROPE TO.—When a boat from a *lee-tide* or running sea requires from the ship the aid of "a *rope*," care *must be taken* that the towline be passed as far *forward* as possible. The position of the *fore-channels* is too far aft, and causes too short a *scope*. The towline should be "passed from the *cat-line*, with a *slip-rope* to the crown of the *spare* or sheet-anchor, which, when slacked, when the *bow-man* secures the towline, the boat will ride with a *good scope*" (1) and with comparative ease.

CAUTION. — The towline should never be made fast to the ring in the bow of the boat. It should be passed through the ring by way of "*fair-leader*," and eventually secured to the *slings* hooked to the bottom of the boat.

BOATS—WHERE BEST MOORED.—Boats are best moored at the *guess-swamp-boom*. In this posi-

(1) Captain Griffiths.

plus en sûreté que lorsqu'elle est la marrée sur les *tangons* ; là, elle se trouve immédiatement sous les yeux de l'officier de quart, et, d'ailleurs, beaucoup moins exposée que le long du bord ou derrière le gouvernail. A moins d'être positivement appelés à bord, pour l'exécution urgente de quelque manœuvre réclamant beaucoup de bras, les hommes de garde d'un canot ne doivent jamais le quitter (1).

Visite de rigueur dans les canots. — Afin de prévenir la *soustraction d'effets d'armement* quelconque, dans le but aussi d'empêcher le *gaspillage* de vêtements de marins, ou l'introduction clandestine de spiritueux, tous les canots doivent être soigneusement visités, soit qu'ils aillent à terre, soit qu'ils en arrivent. Dans ce dernier cas, on doit exiger du *patron* qu'il fasse lui-même la visite dans son canot, puis qu'il en rende compte à l'officier de quart, qui, seul alors, peut l'autoriser à se *laisser culer* à poupe ou à se hâler de l'avant sur les tangons (2).

Amener une embarcation. — Quand on amène

(1) Comme, par exemple, pour *guinder* les basses vergues ou *mâts* de *hune* ; mais seulement à bord des petits bâtiments *faibles d'équipage* ; autrement il vaut mieux s'abstenir.

(2) Pendant que le capitaine d'armes ou le caporal sont occupés à visiter les hommes qui montent à bord, les embarcations du bord sont rarement l'objet de cette mesure de surveillance. A dire toute la vérité, on *pourrait trouver* la *source* de plus d'une *cause* de *désordre* dans l'étui du manteau du capitaine, qui remplit alors doublement et onéreusement sa mission de manteau.

tion, they ride under the eye of the officer-of-the-watch, and are less liable to damage, than when secured along-side, or moored astern. Boat-keepers, unless especially called to assist in the execution of urgent or *heavy* (1) service, should never be permitted to leave their boats.

Boats—to be searched.—To prevent *purloining* the *stores* of the ship, an *improper appropriation* of the people's clothes, or a clandestine introduction of liquor on board, all boats proceeding from the ship to the shore, and *vice versa*, should be strictly searched (2). The *coxswain* should *be made* to examine his boat, and report the result of his search to the officer-of-the-watch, before she be permitted to *drop astern*, or *haul off to the guess-swamp-boom.*

Boats—lowering down.—In lowering boats

(1) Such as *swaying* up lower yards and *top-masts*. In a small vessel, with a "*short-handed*" *complement*, the practice may be tolerated.

(2) Whilst the master-at-arms or the ship's corporal are made to examine the persons of people ascending the side, the boats pertaining to the ship are seldom or ever searched. Were the truth told, *many a tale of trouble might be traced* to the captain's cloak-bag.

une embarcation, soit celle *en porte-manteau* à la *poupe*, soit l'une de celles suspendues près des PORTE-HAUBANS D'ARTIMON, ayez soin, dès que la quille du canot touche l'eau, de dégager lestement de son élingue le PALAN qui porte sur *son arrière*, car si le canot affalé l'était dans des conditions telles que, pour celle de poupe surtout, *son travers eût vent et marée de bout*, alors ces deux puissances réunies lui feraient donner la bande de leurs côtés, et probablement, il s'emplirait d'eau; l'ARMEMENT du canot s'en irait en *dérive*, on courrait risque de le perdre, et les hommes seraient exposés à un péril imminent. — Par MESURE de PRÉCAUTION très-importante, le *bouchon* du *nable* devrait toujours être attaché aux bordages du fond du canot, par une petite ligne ou une espèce de *queue de rat*.

RAPPORTS DES PATRONS. — On devrait adopter comme règle invariable, soit à la mer, soit en rade, et même dans le port, que chaque patron, au coucher du soleil, ou dans le port, à la *retraite*, fît son rapport au *maître de quart*, et lui dît si son embarcation est en *bon état*, et prête à être *hissée* ou *amenée*, selon le besoin. Dans les pays chauds, les espèces de tentes qui protègent l'embarcation contre l'ardeur desséchante du soleil, devront être enlevées le soir, afin que la rosée de la nuit, gonflant les pores du bois, empêche les *voies d'eau*, en rapprochant les bordages disjoints par la chaleur.

from the QUARTER or the *stern*, care must be taken that the moment the bottom touches the water, the *after*-TACKLE be quickly disengaged *from the slings*. If, in a *tides-way*, this precaution be not observed, the probability is, that the boat will immediately fill, the GEER in the "*drift*" be eventually lost, and the men in the boat be exposed to imminent peril.

HINT.—The boat's *plug* should be always attached to the bottom boards by a light laniard or small "*nettle.*"

BOATS—COXSWAIN'S REPORTS.—It should be a standing rule, whether at sea or in port, that at sunset, or immediately after *quarters*, each coxswain report to the MATE-*of-the-watch*, his boat *clear*, and ready for *hoisting out*, or lowering down.—In warm climates, the coverings of the boat should be taken off, in order that the dew of the night should prevent the *leakage* consequent on the splitting of the planks.

EMBARCATIONS EXPÉDIÉES POUR UN SERVICE ÉLOIGNÉ. — *Liste des objets dont elles doivent se munir.* — Une longue vue ; un octant; un livre de navigation ; une boussole ; crayons, papier, etc. ; une carte marine; une montre; plomb de sonde et ligne de *idem ;* boîte d'amadou et briquet ; grappin et câblot; croupière d'embossage ; un marteau; des clous ; clous à enclouer les canons; deux épissoires ; cordages de rechange ; rechange d'armement en mâture; gréement, etc.; baril et gouvernail de rechange, avirons de *id. ;* fusées de signaux; fanaux et bougies ; barriques à eau ou tierçons ; *id.* à *écoutille* pour biscuit ; un coffre d'armes ; des pierres à fusil ; un tourne-vis ; un tourniquet de chirurgien ; des capotes ; fourrure d'avirons (pour en étouffer le bruit) ; ligne de pêche ; marmite en fer ou en fonte ; un couteau par homme ; du combustible ; une hache ; une masse en fer ; une pince ; des aiguilles à voile ; du fil à voile; enfin, le pavillon de la nation sur la côte de laquelle on se trouve en mission.

DE L'ÉLÈVE DE LA MARINE A LA MER. — Chaque élève, parmi ceux de quart, a un poste distinct. A l'un est assigné la dunette (pour les navires qui n'en ont pas, le poste correspondant); à un autre, le gaillard d'avant; quant aux autres, ils se tiennent sur le gaillard d'arrière, prêts à se porter partout, selon le besoin du service.

Boats—sending on distant service.—Memoranda *of articles required for distant service:* —"Spy-glass—quadrant—navigation book—compass—pencil and paper—chart—watch—lead and line—tinder-box—grapnel and rope—stern-fast—hammer—nails—spike for guns—spare rope, size of boat's geer—spare tiller—spare oars—blue lights—lanthorns and candles—casks or kegs for water—*ditto* with *scuttle* for bread—arm chest—flints—turn-screw—tourniquets—great coats—muffling for oars—fishing lines—iron-pot—fuel; each man a knife—an axe—a maul—a crow—needles—twine. Colours of the nation on the coast employed (1).

(Half-a-minute hour-glass (1/2 *minute*); one minute *ditto* (*une minute*); a log-line with its reel (*ligne de loc et son tour*).

At sea.—Different stations will be severally assigned to the midshipmen composing the watch. To one will be given the charge of the poop; to an other, that of the forecastle; and the remainder will be called upon to assist in the immediate duties of the quarter-deck.

(1) Griffith's "Practical Hints."

De l'élève de quart sur la dunette. — Tout ce qui dépend du mât d'artimon, vergues, voiles et manœuvres; tout ce qui fait partie de l'*armement* et de l'*ornement* de la dunette (ou du poste correspondant), est placé sous la surveillance immédiate de l'élève. C'est à lui seul qu'on demandera compte de tout ce qui a *rapport* au service; lui seul est donc responsable de *tout ce qui arrive* pendant son quart. Il ne doit souffrir aucun bruit inutile au-dessus de la chambre du capitaine, ni aucune conduite inconvenante de la part des *gabiers* d'ARTIMON, timoniers, *soldats de marine* ou autres, que leur service appelle sur cette partie du vaisseau. Il veille à ce que les canots hissés en *porte-manteau* sur l'arrière ne soient pas encombrés d'objets étrangers à leur *armement* indispensable; que ces embarcations soient toujours convenablement *saisies* et *parées* pour être amenées au premier ordre ou signal.

La bouée de sauvetage, fixée à la poupe, sera toujours prête à être amenée, et son *appareil d'illumination de nuit* devra être constamment *amarré* et en bon état.

A moins d'une permission spéciale et bien constatée, l'élève ne souffrira jamais qu'on étende, pour le faire sécher, aucun vêtement lavé ou humide dans les *haubans* d'artimon, encore moins à la *baume* ou sur ses palans de retenue, ou sur ceux des embarcations (1).

(1) L'auteur de cet ouvrage (le capitaine GLASCOCK) a été

THE POOP-MIDSHIPMAN.—The cordage, canvass, and *furniture* pertaining to the mizen-mast and poop, will be under the immediate eye of this officer. He is required to superintend all duties *incidental* to that deck; and he becomes responsible for *every occurrence* that may there transpire during his interval of watch. He should not permit unnecessary noise over the captain's head, nor aught of disorderly conduct on the part of the MIZEN-*topmen* and *marines* abaft. He should see that the *quarter*-boats contain no more than their proper proportion of *geer* and *spars;* that they be kept free from lumber, be properly *secured*, and be perfectly *clear* for lowering. He should also see that

THE LIFE-BUOY attached to the stern be in perfect readiness, and particularly that its *night-apparatus* be *primed*, and in proper order.

Unless especial permission be given to that effect, he vill prohibit washed or wet clothes to be suspended from the *shrouds*, but particularly from the *guys* (1) or *geer* of the quarter-boats (2).

(1) Prononcez *guiaize* (les Irlandais prononcent *gagg*).

(2) The author witnessed the loss of an excellent and worthy

ORDRE DE MARCHE. — Dans une escadre, ou dans une division formée en ordre de marche, l'élève de quart, sur la dunette, a pour consigne spéciale d'observer constamment son *matelot* de l'*arrière*, et d'en signaler tous les mouvements ou changements de position à l'officier de quart, surtout quand ce vaisseau *diminue* ou *augmente* la distance qui doit exister entre les deux navires; aussi, lorsqu'il apporte à sa voilure la plus légère modification, c'est de l'exécution rigoureuse de ce devoir que dépend, pour chaque vaisseau, la conservation du poste qui lui est assigné dans la ligne.

FAISANT ROUTE AU PLUS PRÈS. — L'élève de poupe s'assurera que les *écoutes* du *perroquet de fougue*, ainsi que *celles* de la PERRUCHE, soient *bordées à joindre;* que ces voiles soient également hissées à joindre et bien *étarquées*, les boulines *hâlées* roides, et les bras du vent bien APPUYÉS. Il veillera à ce que le *palan de garde* du vent ne soit pas tenu trop *roide*, et que la CORNE et sa *balancine* de DESSOUS LE VENT de la baume ne s'*engagent* pas dans la BRIGANTINE.

PRÉCAUTION. — Ayez bien soin, dans les temps à grains, que les cargues, autrement ÉTRANGLOI-

témoin de la perte d'un excellent matelot, par suite d'une infraction à cet ordre. On ne put amener assez tôt le canot, parce que le garant du palan de dessous le vent se trouva engagé par la chemise d'un matelot que ce dernier y avait mise à sécher.

ORDER OF SAILING.—*Attached to a Fleet.*—Should the ship compose part af a fleet or squadron, formed in the order of sailing, the poop-midshipman will be required to keep a constant look-out on the *next ship in succession astern;* and, upon every occasion, report to the officer-of-the-watch her relative change of position, and her "*drawing up or dropping astern.*" All increase or diminution of sail should be also reported to the officer-of-the-watch. Attention to this duty becomes indispensable in the preservation of the ship's station in the line.

SAILING BY THE WIND.—The poop-midshipman will see that the *mizen-topmast* and TOP-GALLANT *sheets* be CLOSE HOME; that the sails be *taut-up*; the bowlines *hauled*, and the weather-braces well IN. He must never permit the weather-peak *vang* to be kept *fast,* nor the LEE-TOP-*and-lift* (*pour* TOPPING-LIFT) of the DRIVER to *girt* the sail.

CAUTION.—In squally weather the lee throat-brail (1) of the driver should be kept in *perfect*

seaman, in consequence of a marine's shirt having been stopped on to one of the *falls* of the lee-quarter-boat.

(1) In some ships the throat-brails are led forward to the main bits on the quarter-deck.

RES, les plus rapprochées du *croissant* qui emboîte la corne d'artimon, soient toujours *parées* et le garant élongé sur le pont. Avant de *carguer* cette voile, le cas échéant, ne négligez pas de faire mollir le bras de dessous le vent de la VERGUE BARRÉE ; de même, appuyez en sens contraire le bras du vent, le tout suffisamment, afin d'empêcher que la toile, s'engageant dans le BOUT de cette *vergue barrée* (ou *sèche*), n'en soit endommagée.

QUAND ON COURT VENT ARRIÈRE OU LARGUE. — L'élève de quart, avant de faire mollir les bras de la vergue sèche, doit avoir attention de faire *souquer* la drosse, de manière à ce que la vergue se colle exactement contre le mât d'artimon ; alors, on établira des deux côtés les galhaubans volants. Si le vent vient directement de l'arrière, il conviendra de roidir les *écoutes* de la BAUME, les palans de retenue, ainsi que les deux palans de garde, tant de la baume que de la corne.

VIRER DE BORD VENT DEVANT AVEC LE MONDE D'UN QUART SEULEMENT. — L'élève de quart sur la dunette doit s'assurer positivement que la *grande écoute* de DESSOUS le VENT, ainsi que les bras du *grand hunier* et du *grand perroquet*, sont soigneusement lovés et prêts *à filer* ; il doit veiller encore à ce que les hommes désignés pour se ranger sur ces manœuvres soient tous à leur poste respectif. Au moment où l'on brasse derrière, il doit avoir l'œil sur les *arcs-*

readiness, and its end pointed down on the quarter-deck. Previously to *brailing-up*, the lee-CROSS-JACK-brace should be slacked, and the weather one rounded in, so as to prevent the driver coming in collision with the lee *cross-jack-yard*-ARM, and thereby fouling or splitting the sail.

WIND AFT, OR GOING LARGE.—The cross-jack-yard should be *trussed to*, previously to slacking the braces, to permit the yard to close with the mast; the topmast *breast-backstays* to be set up on both sides.

Should the wind be directly aft, the DRIVER-BOOM *sheet*, guys, and both peak-vangs should be set steadily taut.

TACKING WITH THE WATCH.—The poop-midshipman becomes answerable that the LEE-*main*. *main-topsail* and *top*-GALLANT braces *be clearly coiled for running*, and that the men appointed to attend these ropes be *ready in their respective stations*. On hauling the after-yards, he should "*give an eye*" to the *breast-backstays*, see that those on the *lee-side* be "*bore*" abaft the top-*rim*, and that the *weather* ones be well *set up* when the ship is on an *even* keel. He

boutants des galhaubans, et veiller à ce que ceux de *dessous le vent* soient *rentrés* en arrière du *listeau* de la hune, et que ceux *du vent* soient bien *établis* et solidement ridés, dès que le bâtiment ne donne plus la bande (que sa quille est droite). — Enfin, l'élève attendra, pour faire appuyer les bras du vent, que les boulines de l'arrière aient été convenablement hâlées.

Virer vent arrière avec la bordée de quart. — Dans l'exécution de cette manœuvre, le succès dépend, en grande partie, du plus ou moins de précision, d'habileté à *tirer parti* de la grande vergue. L'élève doit donc ici s'attacher à placer aux grands bras *du vent* un *homme* sûr, un praticien expérimenté, afin de s'assurer qu'il ne les fera filer qu'à propos.

De l'élève chargé des signaux. — *Remarques préliminaires.* — Rien ne tend plus promptement à établir, en faveur d'un bâtiment de guerre, la réputation de *bonne tenue*, qu'une vigilance de tous les instants apportée aux signaux. L'indolence ou la lenteur, dans l'accomplissement de ce devoir important, présage peu de *bonne volonté*, par conséquent peu de célérité dans les branches du service encore plus essentielles.

Néanmoins, aucun des élèves attachés aux signaux ne doit désirer d'y végéter trop longtemps, parce que, n'y restât-il qu'un an ou deux, il n'aura pu s'y acquitter convenablement de ses devoirs qu'aux dépens de connaissances à acquérir bien autrement importantes.

should wait till the after bowlines be hauled. before he set taut the weather-braces.

WEARING WITH THE WATCH.—In the performance of this evolution, much will depend on the skilful *management* of the main yard. The poop-midshipman should therefore place a practical and experienced *hand* to ease and attend to the *lee*-main-brace.

SIGNAL MIDSHIPMAN.—*Preliminary remark.*— Nothing will sooner procure for a vessel-of-war the popular reputation of "*a smart ship*," than a constant and vigilant look-out for signals. Indolence or tardiness in the performance of this particular duty, promises little of *alacrity* in the execution of service more essential.

But a signal-midshipman should not be too anxious to retain this station; because, if he continues, for a year or two, to give that exclusive attention to this office which is necessary to its due discharge, he must forego the acquirement of more important knowledge.

INSTRUCTIONS GÉNÉRALES. — L'élève attaché aux signaux doit avoir les yeux constamment braqués sur le vaisseau commandant, afin de répondre vivement au signal qu'il aura bien *dûment reconnu*; car il ne doit, sous aucun prétexte, ACCUSER l'APERÇU d'une combinaison générale ou télégraphique, qu'il n'en ait complétement décomposé et identifié tous les éléments. Encore moins, doit-il se permettre, dans ses efforts pour distinguer des pavillons très-éloignés, de *supposer* un pavillon (à la place de celui dont il n'est pas sûr), de *traduire* par *anticipation* le *sens* d'un signal; en un mot, de substituer ce qu'*il croît être* à ce qui est.

Quelque insignifiante que soit l'indication des mouvements que le signal annonce, il est important que l'officier de quart en soit instruit à temps, aussi bien que de l'instant précis du commencement de leur exécution.

Pendant son quart, l'élève doit, tant de l'avant que de l'arrière, inspecter les *bailles-à-drisses*, afin de s'assurer si les drisses sont convenablement *cueillies* et en état partout. En temps humide, il doit les faire mollir, et quand elles ont besoin d'être renouvelées, il doit les faire élonger avant de les faire *mettre en place* (*passer dans leurs poulies*). Quand on envoie en haut les pavillons composant le signal, il doit veiller à ce que tout se fasse régulièrement, savoir : que les *cabillots* soient parés, la GAINE *bien tendue*, et le

GENERAL DIRECTIONS. — The signal-midshipman will be required to keep a constant and cautious look-out on the flag or senior officer's ship; to answer with celerity signals when *discerned;* but on no account to ANSWER any general or telegraphic combination until *every* symbol composing it be distinctly seen; nor, in his endeavours to distinguish signals from distant ships, is he to *imagine* colours, *anticipate purports*, or in any way to permit *thought* to occupy the place of *sight.*

Indications of evolutionary movements, however trivial they may seem in their nature, are to be reported in time, and the officer-of-the-watch made acquainted with the precise period their execution commences.

The signal-midshipman occasionally should visit, in his watch, the several signal *haliards rove*, fore-and-aft the ship,— see that they be clearly *coiled*, and kept in perfect readiness for use,—that in wet weather they be slacked, and, whenever they require renewal, they be properly stretched before *rove;* that the flags be "*made up*" in one undeviating form— *toggles* clear, "*taut in the* SKIN," and in as small a compass as possible; that the distant lines be all equalized according to the established length,

tout bien *ramassé* (*made up*), de manière à prendre le moins d'espace possible; de plus, que la distance qui sépare les pavillons soit dans les proportions voulues, et que les œillets qui reçoivent les cabillots soient garnis d'une *cosse* en cuivre.

L'élève ne doit jamais tolérer l'habitude lente et paresseuse de hisser un signal main sur main, ni permettre que l'*embraquée* de la drisse *traîne* sur le pont. En portant les deux bouts de cette drisse, l'un à tribord, l'autre à bâbord du pont, et au moyen d'un bout de LIGNE ÉPISSÉE et *volant*, lové dans une petite *baille* portative, sur lequel on pourra *frapper* autant de pavillons que besoin sera, il deviendra facile, à l'aide d'une POULIE *coupée*, de hisser le tout « à courir » jusqu'à la tête du mât, seul endroit d'où un signal compliqué puisse être le mieux aperçu (1).

L'élève attaché aux signaux, soit à la mer, soit dans le port, devra toujours tenir un journal de signaux, où ils seront tous consignés dans la forme et teneur suivantes :

(1) Il faut éviter de hisser un signal *à joindre* de la *pomme*. Celle-ci occasionne un ressac de vent, d'autant plus fort que la *girouette* accroît encore la déviation. Alors les deux influences nuisent beaucoup au *développement* du pavillon supérieur du signal, souvent même le paralysent complétement.

and that the eye of each be fitted with a copper *thimble* (1)."

The signal-midshipman should never permit the idle and tardy practice of hoisting signals "hand over hand," nor allow the *bight* of the line to be *taken across* the deck. By leading one part of the haliards on each side of the ship, and having a *detached* "TACK" coiled clearly within a small portable *tub*, and to *bend on* as occasion may require, any number of flags, by means of a small SNATCH-*block*, may with celerity be run up to the mast-head, best suited to display the combination complete (2).

The signal-midshipman, whether at sea or in port, will be required to keep a signal-log, according to the following form:—

(1) He should apply to the First Lieutenant to give the necessary directions to the armourer.

(2) "Signals should not be hoisted *close* up to the *truck*. The eddy wind from it, and more so from a *vane* of the mast-head, are very apt to prevent the upper flag from *blowing out*."— *Practical Hints*.

FORME DU JOURNAL DES SIGNAUX.

*Journal du vaisseau de Sa Majesté le ***.*							
Date.	Ép. de la journ.		Fait				
Le mois.	A. M.	P. M.	Par qui.	A qui.	Sign. génér.	Sign. telégr.	Remarques.

De l'élève attaché aux signaux dans le port. — L'élève ne doit jamais se laisser prendre en défaut par les mouvements du vaisseau amiral. Un œil marin et *vigilant* en a comme l'instinct. Des *hommes* se portant dans les enfléchures, et se *glissant* dans les *hunes* pour soulager le gréement du *grand perroquet*, indiqueront suffisamment l'intention de *mettre* ce mât et les autres en CLEF (ou *guinder*); affaler leurs balancines et leurs bras, ce qui se fait quand on veut mettre les perroquets en croix; *démarrer* les BOUTS DEHORS des *basses vergues* est un signe certain qu'on est disposé, soit à *larguer*, soit à *rajuster* les voiles (ce qui a lieu lorsqu'après avoir été longtemps serrées, elles se déforment et tombent sur l'avant ou même au-dessous de la vergue). Telle est ici la signification de *mending*.

Il est juste de dire que ce sont les *matelots du gaillard d'avant* qui, les premiers, s'aper-

FORM OF SIGNAL LOG.

Signal-Log of His Majesty's Ship ——.							
Date.	Time.		Made				
The month	A. M.	P. M.	By whom	To whom	General.	Telegraphic.	Remarks.

In port.—The signal-midshipman should never permit the movements of the admiral to take him by surprise. A *sharp* and seamanlike eye will quickly detect preparatory signs. "*Hands stealing aloft*" to overhaul the *top-gallant*-rigging will indicate the senior officer's intention to FID top-gallant masts; "*overhauling down* lifts and braces," to cross top-gallant-yards, and "*unclamping*" the *lower* BOOMS, will be a certain sign of the contemplated movements of either *loosing* or of *mending sails.*

True it is, that such preparatory signs originate usually with the *foremast-men*; but he

çoivent de ces mouvements préparatoires; mais celui dont l'intelligence et la vue sont exercées, fera bien de se rappeler ce *vieux dicton* de SELDON : « Jetez une paille en l'air, elle vous indi- « quera la véritable direction du vent. »

L'élève doit aussi, de temps en temps, avoir l'œil sur la *vigie* de terre, sans négliger pour cela ce qui se passe à bord des autres bâtiments. Il doit instruire l'officier de quart de tous les mouvements qui s'opèrent dans le rayon de la vue, tels que, si un navire s'amarre ou se démarre, s'il appareille ou vient au mouillage.

Si les pavillons servant aux signaux ont besoin de réparations, il en donne connaissance au premier lieutenant; s'ils sont mouillés ou seulement humides, et qu'il devienne nécessaire de les aérer, il doit, avant tout, demander l'autorisation de les faire hisser quelque part.

DE L'ÉLÈVE ATTACHÉ AUX SIGNAUX A LA MER, QUAND IL FAIT PARTIE D'UNE FLOTTE. — L'œil de cet officier, ou, à son défaut, de celui qui le remplace, doit se diriger constamment sur le vaisseau amiral ou commandant. Là, on attend de lui, s'il est possible, plus de vigilance dans ce service, qu'il ne lui en a été prescrit dans le port. Il lui est encore plus strictement enjoint de ne pas laisser échapper le mouvement le plus insignifiant, le moindre changement dans la voilure du vaisseau commandant, sans en instruire aussitôt l'officier de quart.

PLANCHETTES OU L'ON CONSIGNE LES SIGNAUX

whose sight and intellect are equally acute, will do well to remember the *old saw* of Seldon:— "the throwing up of a straw in the air will indicate the exact position of the wind."

The signal-midshipman should also keep an occasional look-out on the *flag-staff* ashore; nor are the movements of other ships to be disregarded. All vessels, mooring or unmooring, weighing or coming to an anchor, should be reported to the officer-of-the-watch.

Should the flags be in want of repair, he should report the circumstance to the senior lieutenant; and whenever they become damp, or wet, or require exposure to the air, he should obtain permission to hoist them up.

At sea.—Attached to a fleet.—The eye of this officer, or of that of the signalman, should be constantly placed upon the ship of the admiral or senior officer; and he is enjoined to observe at sea (though, if possible, with more of vigilance) the same injunctions touching preparatory motions, which he has been already directed to observe "in port." But he is particularly reminded to report to the officer-of-the-watch the most minute movement, or alteration of sail, made by the commander-in-chief.

Signal-boards.—He will be held responsible

DU QUART. — L'élève est responsable de la conservation des *planchettes* servant à cet usage ; comme, par exemple, celles où sont dessinées 1° le pavillon, cornette ou guidon servant de marque distinctive à tel ou tel vaisseau ; 2° la couleur des girouettes ; 3° les ordres de marche et de bataille. Tout signal doit être scrupuleusement noté par l'élève sur ces planchettes ou sur des *ardoises*. L'insertion doit énoncer minutieusement l'heure, plus ses fractions, le numéro et la nature de tout signal fait pendant le quart dudit élève.

SIGNAUX TÉLÉGRAPHIQUES. — Quand il s'agit de ce genre de communications, la *personne* chargée de ce soin doit, avant tout, coucher par écrit les lettres nécessaires pour compléter chaque mot du signal devant énoncer telle ou telle phrase. La similitude du son des lettres P. T. V. M. N. occasionne de fréquentes méprises. Il ne convient guère, A LA MER, de *transmettre* des lettres isolées de l'alphabet, quand on est tant soit peu éloigné. *En un mot*, l'élève ne souffrira pas qu'on *trompette* les lettres en question d'un bout du navire à l'autre.

BOULES A SIGNAUX. — De toutes les formes adoptées, la meilleure est celle-ci : deux cercles parallèles figurant, à peu près, un double *tambour de basque*. Il convient de les peindre avec soin, et non simplement les goudronner. Il faut, en outre, y *adapter* des *anneaux à pivots*, et les ranger dans les *porte-haubans* d'artimon, proprement amarrés le long du bord.

for the preservation of the several *signal-boards*, such as ship's "distinguishing pendants" — "vanes"—"orders of battle, and of sailing;" and he will be careful to record on the signal-*slate* the time, the number, and character of every signal which may be made during his watch.

TELEGRAPHIC SIGNALS.—In making telegraphic signals, the *signalman* should invariably note down the letters required to complete the words of each sentence. From similitude in the sound of such letters as P, T, V, M, N, mistakes constantly occur. Nor is the practice of "*delivering letters*" at a distance at all to be encouraged AFLOAT. In *plain parlance*, the signal-midshipman is cautioned against "*singing out*" letters from one end of the ship to the other.

SIGNAL-BALLS. — The best kind of signal-ball is that made with two *hoops* to *shut* in a flat form. These balls should never be blacked with *tar* or "blacking," but be properly painted. They should be *fitted with swivels*, and kept in the *mizen channels*, stopped neatly up, and close to the ship's side.

6..

Indiquer la position d'une voile étrangère. — Dès qu'on l'aperçoit de dessus les barres de perroquets, s'il est nécessaire de signaler sa position à l'amiral, on doit, au préalable, en faire, au compas, le *relèvement* le plus exact possible.

Préparatifs pour les signaux de nuit. — Au soleil couchant, on prend les précautions suivantes :

1° Le triangle, appareil sur lequel s'ajustent les fanaux, est hissé à la pointe de la corne.

2° Les fanaux sont inspectés, les lampes garnies, et les *mèches* des BOUGIES *faites*.

3° Deux canons de chaque côté de la batterie sont détapés et dégarnis de leurs boulets (1).

4° Les fusées, les feux de couleur sont visités dans la chambre ; puis, le *support* qui sert à lancer les premières, ainsi que l'*appareil* destiné *à recevoir* les flammes de Bengale, sont disposés d'avance sur le pont. Enfin, l'élève prie le capitaine de lui indiquer le signal particulier de nuit.

Signaux de nuit en voie d'exécution. — Dans ce cas, les fanaux allumés sont recouverts de leurs *capuchons*, jusqu'à ce que tout soit prêt pour les hisser tous à la fois. On doit apporter le plus grand soin à ce qu'aucune autre lumière à bord ne puisse être vue du dehors, et que

(1) A bord de quelques bâtiments on peint en blanc les cordons de culasse de deux canons de chaque bord de la batterie basse. C'est le moyen d'éviter les méprises ainsi que les accidents qui peuvent en résulter.

Indicating direction of strange sail. — Should a strange sail be descried from the mast-head, and it be desired to indicate her position by signal, care must be taken that the exact *bearing* by compass be given to the admiral.

Preparations for night signals.—At sunset the following preparations should be observed for making signals at night :—

The *triangle* to be traced up to the mizen-peak ; the lanthorns to be inspected; the lamps to be trimmed, and "candles *matched;*" two guns to be unshotted on each side of the main-deck (1); rockets and blue-lights to be inspected in the cabin, and the *stand* of the one, and *holder* of the other, to be placed in readiness on deck. The signal-midshipman should also remind the captain to look out for the night private signal.

Making night signals. — Whenever it be required to make night signals, the lighted lanthorns should be kept covered in their *tubs*, until preparation be made to shew or hoist them simultaneously. Care should be taken that no other lights be seen from the ship, and that

(1) In some ships, two guns on each side on the main-deck have their *breeching-rings* painted white, to denote them as signal-guns. This is a good arrangement, and prevents mistake.

les fanaux *de rechange* soient allumés d'avance, afin de remplacer ceux que le vent ou les oscillations du navire pourraient éteindre.

SIGNAUX A COUPS DE CANON, POUR LES TEMPS DE BRUME. — Lorsqu'on ne peut plus communiquer qu'au moyen du *son*, il devient de la plus haute importance que l'intervalle entre chaque détonnation soit rigoureusement constaté et noté. C'est ce qu'on néglige beaucoup trop fréquemment.

RECONNAÎTRE UN PORT ET CE QU'IL CONTIENT. — D'abord on le calque de dessus un routier ou d'une carte marine, puis on y trace la position respective de chaque bâtiment qui s'y trouve; cette dernière opération doit s'exécuter au moment même de la reconnaissance.

Si l'on n'est pas pratique de ce port, on examine la carte, afin de déterminer quel est le *point* le plus favorable d'où l'on puisse en obtenir la vue la plus étendue, de manière à découvrir les navires au mouillage ou autrement, *sans qu'ils soient masqués* par des pointes, îles, forts ou toute autre volumineuse construction. Comparez, alors, la hauteur des mâts des vaisseaux dont la *coque* est plus ou moins dérobée, à la hauteur de ceux à l'égard desquels rien ne fait obstacle; tenant toujours compte de l'état

spare lanthorns be kept lighted to supply the place of those which may be extinguished by the wind or the motion of the ship.

Fog and signal-guns. — When signals are made through the medium of *sound*, it is of the utmost importance that the interval between each " report " be correctly noted. This is too often neglected.—*See* First-Lieutenant.

Reconnoitring a port. — " The *sketch* of the port may be taken off without difficulty, from the coasting pilot or charts, against a window. The position of the vessels laying therein must be laid down at the moment of reconnoitring. "

If unacquainted with the place, " examine the chart, to see what vill be the best *bearing* to obtain the fullest view, so as to have the shipping *clear of* headlands, islands, forts, or large buildings. Compare the height of the masts of those whose *hulls* cannot be seen, or seen distinctly, with those that can; bearing in mind the state of the *tide* as to height: by this, any difference may be observed on a future *recon-*

de la *marée*, laquelle augmente ou diminue ces mêmes hauteurs. Par ces moyens, vous pourrez apprécier toute différence qui résulterait plus tard d'une seconde *reconnaissance*, supposant le cas où quelqu'un des bâtiments ennemis se serait trouvé, lors de la première reconnaissance, soit dans un arrière-port, soit dans un dock ou bassin (1).

Observez si les voiles sont *enverguées;* si elles sont d'une couleur *claire* ou *foncée;* si les canons sont en *batterie* ou non (ici l'affirmative peut s'acquérir par la projection de l'ombre sur la peinture). Cherchez à découvrir s'il y a peu ou beaucoup de monde à bord; s'il y a des vêtements, du linge ou des hamacs au sec (2); si les bâtiments sont mouillés, ou non, sur leurs propres ancres (ce qu'indiquera la présence ou l'absence de ces mêmes ancres à leurs bossoirs); enfin si les embarcations sont *hissées à bord*, ou à l'eau.

N. B. — Si la reconnaissance a lieu par des vents de l'est, l'officier chargé des signaux doit tenir compte de l'état de l'atmosphère, et se rappeler qu'avec des *brumes* venant de cette partie, les objets revêtent des formes trompeuses et fantastiques dont l'œil est fort souvent la dupe.

(1) *Wet dock*, bassin où l'eau entre à volonté; *basin* ou *dry dock*, chantier couvert.

(2) D'après la quantité de linge ou de hamacs, on arrive, parfois, à en déduire la force de l'équipage.

noitring, should any of the enemy's vessels be in a wet dock or basin.

" Observe if sails are *bent*; if *light* or *deep*; guns *in*, or not (these may often be discovered by the sun throwing their shade on the paint;) whether few men on board, if clothes or hammocks are drying (1): whether riding by their own cables (the bower anchors will shew this); if launches are *in* or out (2)."

Caution.—If reconnoitring when the wind is to the eastward, the signal-officer must make allowance for the state of the atmosphere; and bear in mind that, with an easterly *haze*, objects become deceptive to the eye, and frequently assume a variety of forms.

(1) From the clothes and hammocks, the number of men on board may perhaps be inferred.

(2) Griffith's " Practical Hints."

De l'élève a la mer, quand il est de quart devant (1). — C'est ici, surtout, que les facultés physiques de l'élève ont besoin de toute leur énergie; la vue, l'*odorat* et l'ouïe y seront constamment occupés et mis à l'épreuve. La *vigilance* au dehors, l'établissement raisonné du grand foc, la surveillance du bout dehors de beaupré, et, par-dessus tout, le jeu des manœuvres courantes qui doivent toujours être prêtes à répondre aux combinaisons du système nautique, accuseront la FINESSE du premier de ces trois sens; la *propreté* de la *poulaine*, et la bonne tenue de l'*avant*, en général attesteront la DÉLICATESSE du second; tandis que l'exécution empressée et rapide des ordres de l'officier de quart derrière, témoigneront positivement de la perfection du dernier.

Ainsi que cela a lieu pour l'élève de quart du *gaillard* d'*arrière*, celui qui commande sur le *gaillard* d'*avant* est responsable de tout ce qui s'y passe. Il doit réprimer tout ce qui est désordre, tout ce qui sent le corsaire d'une lieue : entre autres habitudes, celle de mettre les hardes au sec pêle-mêle dans le premier endroit venu du gréement; et celle encore de se *nicher* dans les *porte-haubans de* MISAINE, pour y dormir ou y gaspiller son temps de toute autre manière.

(1) On ne dit rien ici sur les devoirs de l'Élève semblablement placé quand le navire est dans le port; son service y est fort peu important.

FORECASTLE MIDSHIPMAN. — AT SEA (1). — The physical faculties of this officer should unceasingly be held in readiness; the most acute of his senses — those of sight, *scent*, and hearing will constantly be put to the proof. The "*sharp look-out* before," the *steady standing* of *the jib and boom*, and, above all, the systematic readiness of running ropes, will fully testify the SHARPNESS of the first; the "*condition* of the *head*" will give ample evidence of the SENSITIVENESS of the second; whilst prompt compliance with commands from the quarter-deck, will afford "proof positive" of the quickness of the third.

Like the gentleman *abaft*, the officer *forward* will be held responsible for every act and deed performed on the forecastle. He will observe the same injunctions touching the unsightly system, the privateer practice, of hanging clothes promiscuously to dry in the rigging; and be cautious that none of the crew lounge.

(1) Nothing is here said respecting the duties of the Forecastle Midshipman in Port, inasmuch as the demands on his attention in harbour are few and trivial.

Il doit veiller à ce qu'aucune corde, aucun vêtement ne soient à la PENDILLE, aux *bossoirs*, et finalement que rien ne soit mis *à la traîne* le long du bord (à *tremper* ou dessaler), à moins d'une permission expresse de l'officier de quart.

HOMMES EN VIGIE. — Sous aucun prétexte, mais principalement la nuit, on ne doit se permettre de déranger de leur poste les hommes en vigie. « *Largue, soulage, attrape sur, empoigne*, telle ou telle manœuvre! » sont et doivent être lettre morte pour celui ou ceux qui sont en vigie (1). Cette absence momentanée de leur poste peut avoir les conséquences les plus désastreuses, peut-être occasionner la perte du bâtiment, *corps* et BIENS.

ORDRE DE MARCHE. — Dans une escadre, si l'on navigue en ligne, l'élève ne doit jamais perdre de vue son *matelot de l'avant;* il surveillera la moindre variation dans les mouvements de ce vaisseau, et en rendra compte immédiatement à l'officier de quart, soit que ce bâtiment s'*éloigne trop* du sien ou s'en *rapproche* en culant. Si d'autres navires devant lui augmentent ou diminuent leur voilure, il doit également en instruire son supérieur; mais rappelons-le bien: c'est toujours sur le matelot de l'avant qu'il doit le plus spécialement concentrer son attention.

(1) Cette coutume, des plus blâmables, n'est devenue que trop commune depuis la paix. La misérable et bannale excuse qu'on a *peu* de monde à sa disposition ne justifiera que misérablement le *peu* de prévoyance à prévenir les catastrophes.

skulk, or sleep in the FORE-*channels*; that neither ropes nor woolen clothing be suspended from the *bows*, and that *no hides* be TOWING alongside, *in soak*, without especial permission from the officer-of-the-watch.

LOOK-OUT (*) MEN.—On no occasion are lookoutmen (but particularly those *planted* at night) to be called from their posts to " *let go* " or " *clap on* " *a rope* (1). Such momentary absence may be the immediate cause of serious disaster; possibly, of destruction to both the SHIP and the *crew*.

(*) *Look out*, privé du trait d'union, deviendrait l'impératif du verbe *to look out*.

ORDER OF SAILING. — *Attached to a Fleet*. — When sailing in line, the forecastle midshipman is to keep a vigilant look-out on *the ship next in succession ahead* (2), and, upon every occasion, to report to the officer-of-the-watch the " *drawing-up* " or *dropping* of his own. If the ships *ahead* increase or shorten sail, he should also acquaint the officer in charge of the deck. His attention, however, is more particularly directed to the next in line *ahead*, or, to be more explicit, the immediate leader of his own ship.

(1) This reprehensible practice has become too prevalent on the peace establishment. The " *short-handed* " excuse will be found to be a poor apology for the *short-sighted* disaster.

(2) *See* OFFICER-OF-THE-WATCH.

FAISANT ROUTE AU PLUS PRÈS. — Le navire étant sous cette allure, l'élève s'assurera que l'amure de la misaine est à joindre; que son écoute est *bordée* le *plus près* possible des *haubans;* que les boulines de cette voile sont bien *hâlées*, les balancines bien roidies à SECOUSSES; que les galhaubans volants du travers sont *solidement établis*, et la vergue du petit hunier brassée de manière à former le plus petit angle possible avec la quille.

Si le temps est à grains, l'élève veillera à ce que les manœuvres venant de l'extrémité du bout-dehors de beaupré soient bien à leurs places, bien amarrées, et qu'elles forcent également partout. Il surveillera très-attentivement toutes les voiles de l'avant, avertira à temps, dès qu'il soupçonnera ou s'apercevra que quelque partie de la *mâture* ou des *vergues* CRAQUE ou menace de rompre; fera *soigneusement élonger* les HALE-BAS des focs, ainsi que les cargues du petit hunier (1), dans la batterie au-dessous des passe-avants.

N. B. — Quand on se dispose à serrer les

(1) Lorsqu'on hisse le grand foc, la draille doit être parfaitement roidie, et l'écoute ni trop bordée ni trop largue : dès que le foc est ramassé, si le temps est humide, mais surtout si la mer est grosse, donnez *beaucoup* de mou à la draille, car on a vu des bouts-dehors se fendre du tangage, par une grosse mer, faute de cette précaution.

N. B. Les Anglais ne donnent le nom de *jib* ou *standing jib* qu'à ce que nous appelons grand foc. Les autres sont rangés par eux au nombre des *stay sails* (voiles d'étai).

SAILING BY THE WIND.—He should see that the fore-tack be close down, the sheet aft and properly *shrouded*, the head-bowlines well *hauled*, the weather fore-lift and truss BOWSED taut, the breast-backstays *set up*, the fore-top-sail yard well in, and its weather-lift properly taut.

If squally weather, he should see that the jib-guys are well up, and that each bear an equal strain. He should keep a watchful eye on the head-sails, report in time COMPLAINING *spars*, and have the jib-down-haul and weather-fore-topsail CLEW-LINE laid *clearly along*, with their ends pointed down in the *waist* (1).

Note.—When the top-gallant sails are to be

(1) When the jib is *set*, care must be taken that the *stay* be well up, and that the sheet be neither too *flat* nor too *flowing*. When the jib is stowed, care should be taken that, in strong breezes, *wet* weather, and particularly if a *head-sea* be running, the *stay* be thoroughly *slacked*. *Booms*, before now, have been sprung solely from the circumstance of keeping fast the jibstay when ships have been pitching in a head-sea.

perroquets, l'élève ne doit pas souffrir qu'on *bouge* l'écoute *du vent*, jusqu'à ce que la vergue ait été amenée tout bas, à l'aide des cargue-points.

En hâlant bas le grand foc, placez un HOMME *prudent* et *exercé* à l'écoute, et veillez à ce que cette voile soit entièrement étouffée, ne FASSEYE plus, avant d'envoyer sur le beaupré pour le *ramasser* ou le *serrer*.

Que la mer soit belle et le vent léger : n'en souffrez pas, néanmoins, même pour un seul instant, que le foc reste pendu au-dessous du beaupré. La vue d'un pareil *laisser-aller* ACCUSE une indolence peu honorable pour les gens de quart devant.

FAISANT ROUTE VENT ARRIÈRE OU LARGUE. — L'élève aura soin de faire installer les *galhaubans volants* du travers tribord et bâbord, souquer à joindre les drosses, le racage de la vergue de misaine, et roidir les balancines de devant. Si le vaisseau roule beaucoup, les *palans* de roulis accrochés dans le gréement ne doivent pas être oubliés.

N. B.—Le *chef* de la HUNE de MISAINE doit s'assurer que les *arcs-boutants* sont convenablement et solidement assujettis, que les *cordages* et autres parties de rechange sont lovés, les *ustensiles* de la hune en bon état et convenablement placés, puis rendre compte de tout cela à l'officier de quart devant.

taken in, he should not *start* the *weather*-sheet until the yard be clewed (*) closely down.

(*) *Clew*, un cargue-point; *to clew down*, amener bas à l'aide des cargue-points.

In hauling down the jib, a *steady* HAND will be required to attend *the* SHEET; and care should be taken that the sail be properly SPILT before hands be sent out on the boom *to stow or stop it*.

In light winds and moderate weather, the jib must not, for a moment, be permitted to hang *supinely* beneath the boom; the sight CARRIES with it an unseemly, slovenly appearance, and bespeaks something like laziness on the part of the people forward.

WIND AFT, OR GOING LARGE. — Should the wind be aft, or the ship going large, care must be taken that the *breast-backstays* on both sides be well up, that the fore-yard be trussed closely to, and that each fore-lift be set well taut. Should the ship roll, the rolling *tackles* (1) hooked aloft are not to be forgotten below.

HINT.—The *captain* OF THE TOP is to report to the officer-of-the-forecastle, that the *out-riggers*, *coiled*-UP GEER, and *implements* of the top are securely placed.

(1) The *rolling tackle* should be a *luff-tackle purchase*, the single block hooked to a strap round the yard, the double one to an eye-bolt in the lower cap, the *fall* leading down on deck.

Hors les bonnettes de hune et de perroquets ! — Au commandement de « Pare à gréer les bonnettes de hune et de perroquets! » on affale du chouq les palanquins qui s'y trouvent ordinairement rangés, puis on les croche aux adents des bouts de vergues qu'on roidit selon le besoin de la balancine qu'ils doublent ; telles sont les préparations préliminaires obligées pour établir les bouts-dehors. Dès que les bouts-dehors sont poussés, et que les bonnettes sont suffisamment hissées pour *dépasser* la hauteur des *poulies* dont les *bras sont armés*, et pour permettre à l'homme placé au bout de la vergue de couper les amarrages qui entourent la voile. on fait hâler à courir sur la drisse et sur l'amure (ayant soin de peser avec intelligence sur la ralingue intérieure), la bonnette se placera convenablement sur l'arrière du hunier. Quand *on grée* les bonnettes des *deux bords*, celle de *dessous le vent* s'établit *en avant* de la voile.

Hors les bonnettes basses ! — A bord des navires qui ne se servent plus de la *vergue* de *civadière*, l'opération qui consiste à installer dehors, ou plutôt à hâler en avant un *tangon*, devient assez souvent difficile et fatigante. La cause en est due à l'angle extrêmement aigu que forme ce *tangon* avec le hâle-avant, au début de l'opération. Afin de remédier à cet inconvénient, et obtenir que le hâle-avant donne l'angle nécessaire à l'enlèvement du bout-dehors volant, on adopte, sur quelques navires,

SETTING STUDDING-SAILS.—*Topmast and top-gallant.*—The moment the preparatory words "Stand by to rig-out topmast and top-gallant studding-sail booms!" be given, *burtons* are to be brought down from the topmast heads, hooked to the topsail yard-arms, and bowsed well taut, *pending* preparations for rigging-out the booms. As soon as the booms are out and the studding-sails run sufficiently high *to clear* the *brace-blocks*, and to permit the yard-arm-man to cut the STOPS that encircle the sail, a rapid run together with the haliards and tack, and due attention to the inner leach, will ensure the studding-sail yard ascending abaft the top-sail. When studding-sails *are set on both sides*, the *lee* one is to be set *before* the sail.

LOWER STUDDING-SAIL.—In ships that dispense with the use of the *spritsail yard*, the operation of "getting-out," or rather of hauling forward the *swinging boom*, not unfrequently becomes a tedious and troublesome task, the result of the extreme acuteness of the angle which the *fore-guy* forms on the *first* hauling of it forward. To counteract this, and to obtain for the guy the requisite angle to rouse forward the boom, some ships purposely affix a *jaw* to a light and lengthy spar, which, protruding out

le procédé suivant. Ils adaptent une mâchoire à l'extrémité d'un espar long, et pourtant léger, qui est présenté par un des sabords de la batterie basse, et que poussent, en le soutenant, trois ou quatre des canonniers des plus vigoureux ; ce qui, en appuyant sur le hâle-avant, *fait* balancine, et imprime, au *tangon*, le mouvement de projection horizontale désiré.

Dès que *cet espar* a atteint la direction voulue, c'est-à-dire qu'il est *orienté* dans le sens horizontal de la vergue de misaine à laquelle il est presque parallèle, alors les drisses d'en dehors, ainsi que l'amure de la bonnette, doivent être *garnies de monde* suffisamment pour les manœuvrer simultanément, et embraquer le mou des drisses *d'en dedans* à mesure que la bonnette quitte le plat-bord et s'élève à sa hauteur voulue.

En hissant à courir sur les drisses d'en bas, il faut bien prendre garde que la vergue de bonnette en train de hissage n'aille pas heurter violemment le bout-dehors de la bonnette du petit hunier; car, alors, ce choc inattendu, augmentant le poids de la puissance du vent qui gonfle cette voile, ferait immanquablement éclater et rompre ce bout-dehors.

of one of the main-deck ports, with a push or two from three or four of the stoutest gunners in the waist, produces instantly, while topping on the lift, the preliminary *start* which the guy so much requires.

When *the boom* is athwart, and *trimmed* with the fore-yard, the outer haliards and tack are to be well *manned*, taking in the slack of the *inner* haliards as the sail goes over the gunnel, and ultimately reaches its destined height.

In running away with the lower-haliards, care must be taken that the yard be not brought-up with a *jerk* against the topmast-studding-sail boom; by this sudden jerks, booms are constantly sprung.

Les articles du MIDSHIPMAN A LA MER, *réunissant bon nombre d'expressions techniques bien encadrées, présentent des leçons qu'il importe de confier à la mémoire. Dans les* CONVERSATIONS NAUTIQUES, *les manœuvres (celles des ancres exceptées) se ressentent un peu de la faiblesse d'un style qui n'est qu'imitatif; mais, ici, tout est original : l'auteur anglais n'était asservi qu'à la technologie, et pouvait suivre son inspiration quant à l'arrangement des mots. Caser fidèlement ce même arrangement dans la mémoire, c'est donc s'inoculer, pour ainsi dire, le véritable langage nautique propre à la langue anglaise.*

VIRER VENT DEVANT AVEC UNE SEULE BORDÉE! — En prêtant sa coopération à cette évolution pénible, mais qui doit s'exécuter rapidement, l'élève du gaillard d'avant règlera sa manœuvre selon l'état actuel de la voilure. A peine le commandement de pare à virer (1)! expire-t-il sur les lèvres de l'officier de quart, que chacun *vole* à son poste respectif. Néanmoins, de tous les hommes occupés à cette manœuvre, ceux qui sont postés aux boulines de la grande voile et du grand hunier exigent la plus rigoureuse surveillance. Retenir ou filer ces manœuvres à contre-temps peut causer de très-graves accidents. L'élève ne doit pas non plus négliger les écoutes, amures, boulines du mât de misaine, les garants de palans des galhaubans, ni la civadière et les bras du petit hunier. Les gabiers stationnés dans la hune de misaine surveilleront les balancines de basse vergue, ainsi que les drosses. Tout cri partant du gaillard d'avant aux hommes d'en haut doit être proscrit.

(1) Il serait à désirer que les *cris* préparatoires de « *Êtes-vous prêts devant?*"—"*Êtes-vous prêts derrière?*" fussent bannis du service militaire. L'équipage devrait toujours se préparer à *virer de bord* PRESQUE A LA MUETTE. C'est dans les occasions de danger, surtout quand il arrive à l'improviste, qu'on *sentira mieux l'importance* de ce système. L'auteur a servi comme premier lieutenant à bord de deux vaisseaux où l'on était *toujours prêt* pour ces évolutions. Aux simples mots de "*en haut le monde*—pare à virer," la barre était à l'instant mise dessous, et chacun se trouvait à son poste.

Tacking with the watch. — In assisting in the execution of this heavy but rapid evolution, the midshipman of the forecastle will be, in a great measure, governed by the sail that is set. The moment that the brief order, "*Bout ship* (1)!" escapes the lips of the officer-of-the-watch, the men stationed to "stand by ropes" should immediately *run* to *their appointed places*. But attention is particularly directed to the indispensable necessity of seeing that the main-top-bowline and top-gallant-bowline men are instantaneously *in their respective stations*. By keeping fast, or fouling either of these running ropes, considerable damage may ensue; nor are the head-sheets, fore-tack, head-bowlines, back-stay-falls, spritsail, and lee fore-top-gallant braces the less necessary to be attended to. The men stationed in the top are to overhaul the lee lower lift and trusses. The latter service should be performed without any auxiliary hail aloft from the forecastle.—Vide *Officer-of-the-Watch*.

(1) It were desirable that the customary interrogatories of "*Ready for'ard?*" — "*Ready abaft?*" were oftener disused in the service. A ship's company should be accustomed to "*put the ship about*" WITH AS LITTLE NOTICE AS POSSIBLE. This system will always *tell* on the sudden discovery of danger. The writer served as First Lieutenant of two ships in which, upon the occasion of tacking, *no* preparatory *time* was *allowed*. When the officer on deck gave directions to "*turn the hands up*—about ship," the helm was *put down*, and the people never failed to be up in time at their stations.

Virer vent arrière avec une bordée seulement. — Comme cette évolution s'accomplit avec moins de rapidité que celle de virer vent devant, le plus ou moins de précision à *tenir bon* ou à *filer* ne produit pas les mêmes accidents. Toutefois il est indispensable de LEVER le *lof de misaine*, de larguer les *boulines* de *l'avant*, exactement et à l'instant même où l'officier de quart derrière en articule l'ordre. A l'égard des autres manœuvres, telles que balancines, *drosses* (1), *galhaubans*, on suivra les instructions données plus haut quand il s'est agi de virer vent devant.

Prendre des ris avec une bordée seulement. — La première chose à faire dans cette opération, qu'on *retarde* souvent beaucoup trop, c'est d'*amener* les *huniers* sur le TON; puis hâler sur les bras du vent, jusqu'à ce que les gabiers puissent facilement sauter des haubans du vent sur la vergue (2), et faire tous leurs efforts pour étouffer la toile avant d'y envoyer du monde. Afin d'économiser le temps, celui qui commande devant procèdera comme il suit:

Au moment où la voile s'amène, faites passer la voix, derrière, pour qu'on *choque* (ou *mol-*

(1) A bord de quelques navires les galhaubans de tangage sont *portés un peu plus* sur *l'arrière*, et sont, ainsi que les *galhaubans ordinaires* de *l'arrière*, établis *à demeure*. Ce mode d'installation est approuvé des meilleurs marins.

(2) En anglais *quarter* of the *yard* : le milieu entre le *fond* et le *bout* de la vergue.

WEARING WITH THE WATCH. — As wearing is a less rapid evolution than that of tacking, the *keeping fast* of "*stand by*" ropes is not so productive of mishap. The *fore-tack*, however, must be RAISED, and the *head-bowlines* "*let go*," the moment the word be given by the officer abaft. The same directions touching lifts, *trusses, backstay-falls* (1), etc., are to be observed as in tacking.

REEFING WITH THE WATCH.—The primary step in the execution of this too frequently *procrastinated* service will be to *clew* the *yard* down close to the CAP, to round in sufficient of the weather-brace to permit the topmen to reach with facility the quarter of the yard *from the weather-rigging*, and to employ every exertion to *spill* the sail before "sending the people aloft." To effect this, and to save time, the officer forward will thus proceed : —

At the moment of lowering the topsail, request from abaft a *check* of the lee fore-

(1) In some ships "breast backstays" are *brought further aft*, and, like the *quarter backstays*, are set up "*standing*." This plan is approved by some of the first seamen in the service.

lisse) le bras de dessous le vent; hâlez à courir sur le cargue-point du vent; *mettez force monde* sur les deux *cargue-fonds ;* et, quand la vergue arrive sur le chouq, pesez sur les palanquins de ris (mais davantage sur celui du vent). En exécutant tout ceci de point en point, la voile sera promptement *déventée;* la vergue ne courra aucun danger, et l'officier pourra *y envoyer son monde* sans redouter aucun accident. L'élève doit recommander aux hommes des empointures d'en passer les rabans d'une manière convenable et solide, et aux autres gabiers, de veiller, en souquant leurs garcettes, à ne point gêner ou engager les écoutes de perroquets.

N. B. Aussitôt que le troisième ris est pris dans les huniers, *on devrait se faire une loi* de PASSER, de suite, leurs faux bras.

LARGUER LES RIS. — Amenez suffisamment les *drisses* des huniers pour neutraliser l'effet de la *partie de la voile sous le vent*, sur le bras du vent; embraquez celui-ci assez pour que les *garcettes* de dessous le vent ne S'ENGAGENT pas dans les haubans du même côté. Si vous avez trois ris de pris dans vos huniers, mollissez le bras de dessous le vent, appuyez ferme sur les *palanquins ;* démarrez les *garcettes* à mesure que les hommes se rangent sur la vergue, mais ayez soin que les *rabans d'empointure,* qui doivent

brace; run away with the weather-clue-line; *clap plenty of hands* on both *bunt-lines*, and when the yard arrives on the cap, *haul out the reef-tackles* (weather-one best). By attention to these points, the officer will speedily *spill* the sail, secure the yard, and may safely *order his men aloft*. The earing-men to be *cautioned* to pass properly and secure the earings, and the remaining topmen to tie their respective points *clear of* the top-gallant sheets.

Note. — *It should be an invariable rule*, that when the third reef be taken in the topsails, the *preventer-braces* be "CLAPT-ON the yards."

REEFS—SHAKING OUT. — Settle sufficient of the topsail-*haliards* to counteract the effect of the *lee-leach* on the weather-brace; round in enough of the latter to CLEAR *the points* of the lee-rigging. If with "treble-reef" topsails, check the lee-fore-brace, set taut the *reef-tackles*, cast-off the *points* as the men lie out on the yards, and care must be taken that the *earings*, which are

être *largués ensemble*, ne *le* soient pas avant que toutes les garcettes de la bande de ris ne l'aient été. La résistance d'une seule garcette non démarrée, à cause du *porte-à-faux*, exposerait plus probablement la voile à se déchirer, que si cette résistance était le produit de dix garcettes engagées. Il est des circonstances où, quand on largue des ris, il serait prudent de peser à joindre sur les cargue-fonds.

Amener les vergues de perroquet sur le pont. — Envoyez les gabiers en haut, pour qu'ils dépassent et rentrent tout le gréement des *bonnettes* de *perroquets*, et pour mollir la *drisse* du mât lui-même. Quant à celle de la vergue, *genopez*-la à quelques pieds du mât sous le vent, puis fixez au vent, près de la balancine, entre la vergue et son bout de vergue, un *cartaheu* qui passera dans une poulie à fouet estropée au bossoir correspondant ; alors, pesant sur la balancine de dessous le vent, la vergue s'apiquera, et hâlant sur le cartaheu, la vergue, dont on filera la drisse, descendra sur le pont sans le moindre accident.

N. B. En cas de fort roulis ou de violent tangage, on aura soin de faire un tour ou deux avec le filin du racage, de manière à assujettir la vergue au mât, jusqu'à ce que le cartaheu de conduite en bas soit parfaitement installé pour servir de hâle-bas à la vergue.

to be *eased* down *together*, be not *disengaged* until every point in the reef-band be detached from the yard. The keeping fast of a solitary point is more likely to split the sail than the entanglement of ten. In some instances it is desirable, in shaking out reefs, to set taut the bunt-lines.

STRIKING TOP-GALLANT YARDS. — Topmen to be sent aloft, to unreeve the *top-gallant studding-sail*, and UNBEND the top-gallant GEER; to UNTOGGLE the top-gallant *haliards; stop* the YARD-ROPE out to leeward, and attach to the lower yard-arm a *tripping-line*, which should be led through a *tail-block*, secured to the weather-*cat-head*.

CAUTION.—Should the ship be rolling heavily, or pitching in a head sea, care is to be taken that a turn or two of the parrel-lashing be kept fast till perfectly ready for tripping the yard.

CALER LES MATS DE PERROQUET. — Par suite d'une pratique vicieuse, cette opération devient assez souvent une tâche épineuse.

Le système de *peser* sur les rides des galhaubans du vent du mât de perroquet agit en sens inverse de l'effet qu'on veut produire. Par cette action, qui accuse un manque absolu d'intelligence, le mât se trouve, par la position angulaire que vous lui faites, comprimé entre les *barres* et contre le *chouq*, ce qui augmente la résistance par le frottement, et, au lieu de célérité, produit forcément un retard dans l'opération.

Si vous voulez réussir et économiser le temps, procédez comme il suit : D'abord, DONNEZ du MOU dans la drisse de clin-foc, dans la *guinderesse* du petit perroquet, et en général dans toute la partie du gréement de dessous le vent. S'il vente grand frais, et qu'il y ait une bande considérable sous le vent, veillez à ce que les haubans du vent ne soient pas par trop *soulagés*(1), et que, les galhaubans de perroquets et de cacatois ne soient mollis que tout doucement et à la main; puis hâlez *prudemment* sur la guinderesse ; aussitôt que la clé est arrachée, *garnissez de monde* la DRISSE de la *vergue* de *perroquet*, ainsi que CELLE du *clin-foc*, et faites embraquer à mesure, mais *prudemment*, le mou des gal-

(1) A moins que les haubans n'aient été raidis outre mesure par le gonflement qu'engendre la pluie, il est rarement nécessaire de soulager, de donner du mou au gréement *du vent* au moyen de *coins* de *retenue* (*wedge-fids*).

STRIKING TOP-GALLANT MASTS. — From impropriety in practice, the operation of striking top-gallant masts not unfrequently becomes a troublesome task.

The system so often pursued of hauling, or rather "SWIGGING DOWN," on the weather-backstay, is subversive of the purpose desired. By this unmeaning practice the mast becomes bound in the *trestle-trees* and *cap*, and consequently difficult to lower.

To produce the desired effect, proceed thus: — OVERHAUL, first, the flying-jib haliards, lee-rigging, and top-gallant *yard-rope;* —if blowing hard, and the ship be leaning over to leeward, care must be taken that the laniards of the weather-shrouds be not *overhauled* (1), and that the weather-backstays and top-gallant and royal stays be *eased* HANDSOMELY by hand; —*sway* then on the *mast-rope;* as soon as the fid is out, *man* immediately the top-*gallant yard*-ROPE and flying-jib HALIARDS, and place hands to gather-in a *steady strain* on the weather-backstays and top-gallant and royal stays; then lower awry, hauling best down on the *yard-rope* and flying-jib haliards; the latter ropes will act as per-

(1) Unless the shrouds be rendered unusually taut by rain, there need be little or no necessity to *slack* the *weather*-rigging with "*wedge-fids.*"

haubans, des perroquets et cacatois au vent. Amenez ensuite le mât, en filant à la fois la guinderesse en douceur, et contretenant le tout en pesant sur la drisse de la vergue, ainsi que sur celle du clin-foc. Ces deux dernières formeront un appareil vertical de retenue qui appuyera, maintiendra le mât dans une bonne direction, et l'amèneront en bas sain et sauf. Dès que la caisse du mât sera rendue à poste, faites hisser sa garniture dans la hune.

N. B. Ne souffrez jamais que les gabiers hurlent d'en haut : *Tiens bon là! file! amène!* Un signe de la main adressé au maître qui surveille l'opération en bas, aura le même résultat, et garantira ce silence (1) si précieux pour toute espèce de manœuvre.

(1) Personne ne *se moque plus impitoyablement* de ce tapage inutile que les marins des équipages des navires de guerre anglais; témoin les gorges chaudes qu'ils en font quand ils naviguent de conserve avec les Portugais ou les Napolitains.

FIN.

pendicular *purchases*, and produce the desired descent; the heel of the mast should be secured, and the rigging hauled taut down in the top.

Note.—Topmen aloft should never be permitted to sing out aloud, "*High enough!*" or "*lower away!*" A *wave* from the hand aloft, directed to the boatswain or mate looking out for the mast below, will answer every possible purpose, and produce that silence (1) so essential in the execution of every service.

(1) No people *deride* unnecessary noise more than British men-of-war's-men; witness their jokes when in company with Portuguese or Neapolitan vessels.

THE END.

TABLE ALPHABÉTIQUE

DES MATIÈRES

CONTENUES DANS LE

MANUEL DU VOLONTAIRE ET DE L'ÉLÈVE DE LA MARINE.

FIN DE LA TABLE DES MATIÈRES.

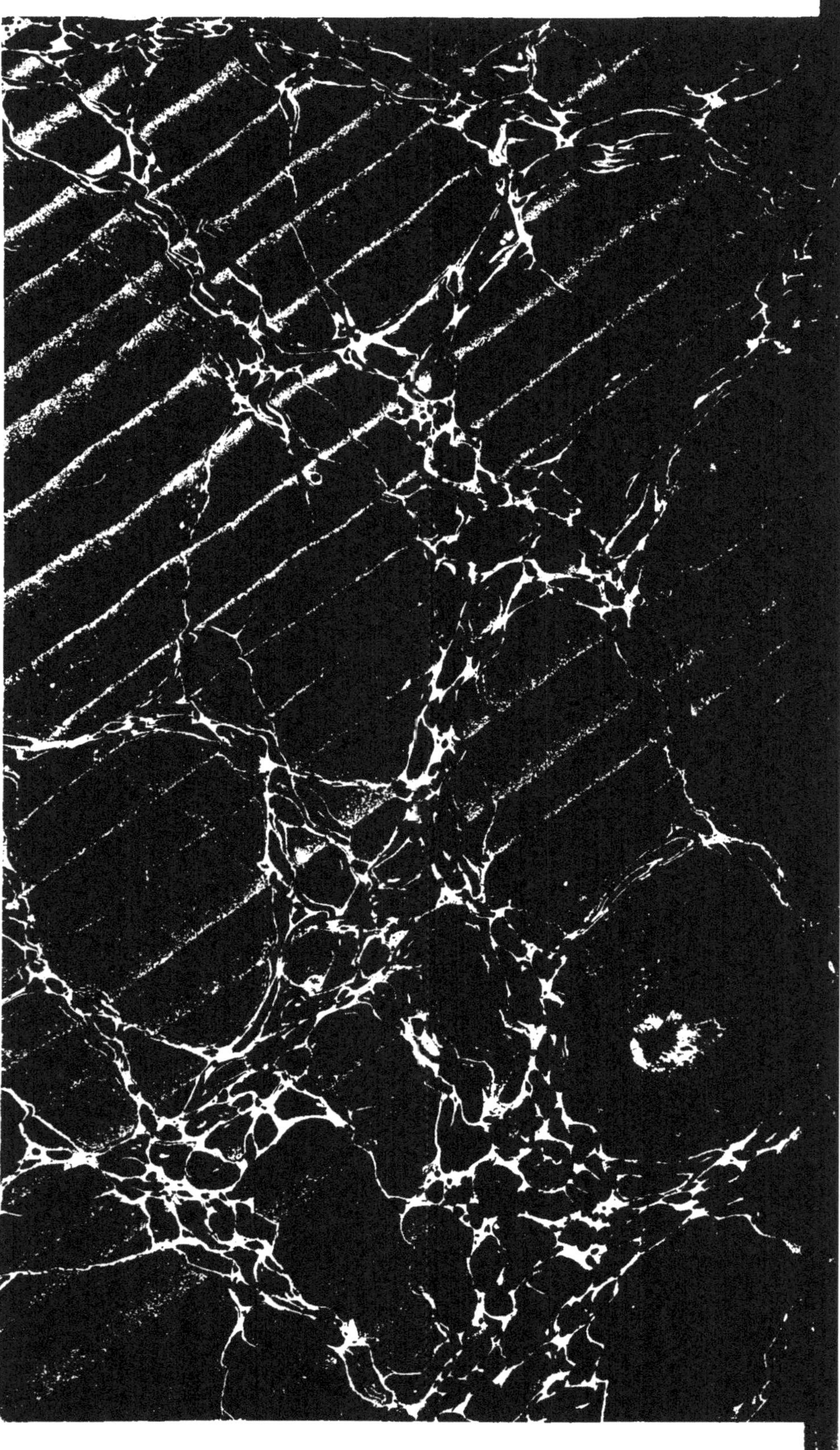

www.ingramcontent.com/pod-product-compliance
Lightning Source LLC
LaVergne TN
LVHW012003220826
846092LV00001B/231

9782329792644